←WC

ちょっと本屋に行ってくる。

NEW EDITION

藤田雅史

まえがき――ちょっと本屋に行ってくる

先日、欲しい本があって駅のそばのJ書店に立ち寄った。

あまりなじみのない分野の、あまりメジャーではない出版社の本だったので、どの棚を探せばいいかわからず、仕事の合間で少し急いでいたこともあり、手っ取り早く在庫検索機を使うことにした。

幸い、検索機の前に人はいなかった。

誰かに先を越されぬうちにと足を早めて機械の前に立ち、本のタイトルを入力するために画面に触れようとしたところ、手が止まった。そこには、前に使った人が検索したタイトルが表示されたままになっていた。

『あなたが投資で儲からない理由』

数秒間、画面をじっと見つめた。我に返って再び手を動かしかけ、でもその意に反して僕の指はホームボタンを押すのをためらった。

なんだろう、じわじわ胸に広がるものがある。歯がゆいようなせつないような、それでいてやけに滑稽で愉快な感情。言葉にすれば、こうなる。

そうか、儲からなかったか。

思った刹那、どうでもいい感想が次々と去来した。

高い利回りに目がくらんで、リスクを考えずにうっかり手を出しちゃったのかな。それとも買った途端に値が下がって、でもいつか上がると思い続けていたらそのままずるずる、みたいなパターンかな。ていうか素人が投資でがっぽり儲けようとか、そんなね、人生甘くないですよ。

本当にどうでもいい。こっちは探している本があるからここにいるというのに。早くそのタイトルを入力したいのに。

でもそう思いつつ、僕は画面に表示された棚位置と分類番号をしっかり確認していた。今、その棚まで行けば、投資で儲からない人が投資で儲からない理由を探しているのだろう。

ちょっと通りかかってみようかな。

いやらしいことを思った。男だろうか、女だろうか。きっと株式投資の初心者だ。酸いも甘いもかみ分けたベテランはこういうタイトルの本は買わない。だんだんと頭の中でその人物のイメージが具体的になってくる。長年勤め上げた会社から期待していたほど退職金をもらえないことが判明し、途方に暮れる定年間際のサラリーマン。もしくはやる気と野心だけは人一倍あるのに、結局何をやってもうまくいかないベンチャー志望の青年。どちらにしても棚を見上げてぽつねんとたたずむその姿は孤独だ。

うっかり想像すると、それを確かめたくなってしまう。

いけないいけない、そんな破廉恥な行為は慎もう。そう自分を戒めても、スニーカーが勝手にその棚のほうに行きたがる。いけないいけない。

そこで、もしそれが知り合いだったら、と考えてみることにした。

通りかかる。目が合う。『あなたが投資で儲からない理由』を手にしている知人に、「あ、どうもどうも」と声はかけにくい。逆の立場だったら絶対に声をかけられたくない。僕自身、似たようなタイトルの馬券指南本をこそこそ立ち読みした経験があるからだ。彼は本を棚に戻すだろう。で、動揺のあまりその手が震え、うっかり落としたりする。くしゃ、と音を立ててカバーが外れる。彼は慌てて床にはいつくばる。

素通りしたい。でも目が合ってから、すでに数秒間、相手を凝視してしまっている。声をかけないわけにはいかない。

「あ、ども」

「あ、お久しぶり……あ、ちょっと、今、投資の勉強をね。ははは」

「そうなんですね、ははは」

「今日は寒いね」

「ですね。雪、降ってましたもんね……じゃあまた」

「うん、またね。ははは」

「ははは」

お互い何も悪いことをしていないのにひどく気まずい。握りたくもない弱みを握ってしまったみたいで、その後の付き合いがうまくできるか心配だ。これはやはり、絶対に通りかからないほうがいい。

そんなことを考えていたら後ろに人が並んだので、さっさとホームボタンを押し、検索入力画面に戻った。

本屋にはドラマがある。

みたいなことを言いたい気もするけれど、これはそれほどのエピソードではない。もしこの体験から教訓めいたものを引き出そうとするなら、それは、「人は、本の検索結果を表示したままの状態で検索機の前から離れるべきではない」ということだけだ。

でももしかしたら、一冊の本が人にとっていかに個人的なものであるか、ということくらいは無理矢理に語れるのかもしれない。

右の経験から想像する彼の「恥ずかしさ」は、おそらく、こっそり会いたいと思っている人を他人に知られたくない恥ずかしさと同質だ。
「読みたい」は「会いたい」に近い。
本とは、そういう存在だ。

この三年ほど、本についての短いエッセイをウェブで連載しています。本が好きなので、毎月、楽しんで書いています。

あらかじめ断っておくと、僕は本について何かを語れるほどの人生を送っているわけではありません。本の虫というほど読書家ではなく、書物の歴史や業界、トレンドについて造詣が深いというわけでもありません。アカデミズムとは無縁で、マニアックというよりはどちらかといえばミーハーな性質です。新刊本の帯の「最高傑作」や「金字塔」といったお決まりのパワーワードにひょいひょい踊らされます。

それでもやっぱり本が好きで、しょっちゅう本屋に足を運びます。本屋に行くと気分が落ち着き、そして同時に高揚します。

この世界でいちばん好きな場所は、もしかしたら本屋かもしれない、と思うときもあるくらいです。

あー、本屋に行きたい。

ふと思います。しょっちゅう思います。

「ちょっと本屋行ってくるわ」

そう言って、時間を見つけては財布とスマホだけ持って、ふらりと家を出ます。

この本も、ちょっと本屋に行ってくる、というような軽い気分で、あるいは、え、また？　昨日行ったばっかりだよね？　というような少しあきれた気分で、最後まで読んでもらえれば幸いです。

もくじ

付記

現代の言葉の使い方において、「〇〇屋」という表現を忌避する向きもあり、連載時の「本屋」表記を「書店」または「本屋さん」等に改めることを検討しましたが、その場合日常的に愛情をこめて「本屋」と表現しているものとニュアンスが異なり逆によそよそしく不適切に感じられるため、本文中の「本屋」「古本屋」などは、そのままの表記といたします。（普段、「本屋に行ってくる」はよく口にするが、「書店に行ってくる」とは言わない。）

また、固有名詞の敬称は省略いたします。

風呂と本 I

本を読むのに最適な場所はどこかといえば、それはお風呂だ。

かつては就寝前のひとときを読書の時間にあてていたのだけれど、最近は夜八時を過ぎると疲れ果て、布団にもぐりこんだ途端、あっというまに眠りに落ちてしまうことが多い。

普段、狭い家は子どもたちに占拠され、腰を落ち着けてゆっくり読書を楽しむことなど許されない。通勤電車は利用しないし、カフェや喫茶店はといえば、僕にとっては休憩するためではなく仕事をするための場所である。誰にも邪魔されず、人の目も気にせず、余計なことを考えずひとりきりでリラックスできる場所というと、もう、トイレか風呂しかない。

我が家の風呂のふたは、ホームセンターで買い求めた六枚の檜の板だ。入浴時、そのうちの二枚を浴槽の左右に橋のように渡し、中央にフェイスタオルを二つ折りにして敷く。その上に本を載せ、お湯に浸かりながら読むのがいつもの僕の読書スタイルだ。浴槽の背の角度が読書の姿勢にちょうどいい。

このとき、換気扇は回しっぱなしで、寒くなければ浴槽のそばの窓をほんの少しだけ開ける。読むのに飽きたときのために別の本も二、三冊持ち込んで、板の上に積んでおく。飲み物も持ち込む。週末に限って、コンビニスイーツやお菓子などの甘いものも持ち込んでよいことにしている。

この話を人にすると、本、濡れちゃいません？とよく聞かれる。

本を濡らすことはまずない。これが雑誌となると、薄いテカテカのコート紙が湯気で反ったりクシャクシャになったりするけれど、普通の本であればまったく問題はない。身体をあたためながら、のんびりと読書を楽しむこのひとときは、一日のうちで最も心地よい時間だ。

ただ、本を濡らすことがないかわりに、ときどき落とすことがある。浴槽に渡した板が知らぬまに左右のどちらかに微妙にずれて、手をついたり肘をついたり、ちょっと圧力を加えた拍子に、浴槽の縁からつるりと滑落——あっ、と思ったときにはもう遅い。読み途中の本はとっさにつかんで大事に至らずに済むものの、板の上に積み上げていた本の運命はその板とともにある。お湯の中にどぼんだ。

わっ、ちょっ、わわわわ。

慌てて体勢を立て直し、すでに手遅れとは知りながら、浴槽の底に沈みゆく本を救出する。

やってみるとわかるのだけれど、この行為はものすごく哀しい。全裸だということを差し引いても、哀しい。

本を救い出すには当然、お湯の中に腕を突っ込まなければならない。でもそうすると当然、指先から肘のあたりまでびしょびしょに濡れるわけで、はたして本を助け出したとしても、その救いの手から、どんどんどんどん本にお湯が染みこんでいく。助けているはずなのに、もっとだめにしている。これではまるで溺れている人を救助しながら、その手で首を絞めているようなものだ。なんと不条理な、罪深いことか。

ああ、やってしまった……。

手にしたずぶ濡れの本を裸で見下ろす男の底知れぬ哀しさは、おそらく実際に罪を犯した者にしかわからない。

先日、日帰り温泉に行ったら、露天風呂で読書をしている人がいた。

三十代後半、学生時代にラグビーかアメフトをやっていたようなたくましい筋肉の持ち主で、盛り上がった胸筋をお湯に浸し、折り畳んだタオルを頭の上にのせ、片手で本を持ちながら器用にページをめくっていた。

お湯の吹出口の近くだったので、そんなところで読んだら飛沫で本が濡れてしまうのではないかと心配しつつ、少し離れた場所から思った。

え、それってありなんだ。

自宅の風呂でさえいい気分なのだから、青空の下、温泉にゆったり浸かりながらの読書なんて最高だろう。

うらやましい。自分もそんなふうに露天風呂で本を読みたい。

だけどどうなんだろう、温泉や銭湯に本を持ち込むのって。公衆マナーという点で。

直感としてはまず、だめなんじゃないかと思った。でも考えてみれば、本そのものが人に迷惑をかけることはない。ゴミを出すこともお湯を汚すこともない。スマホと違って隠し撮りの心配もない。そもそもこの国には湯船で飲酒する危険な文化だってあるくらいだ。

だったら、本くらい。

マイシャンプーやマイひげ剃りを持ち込むように、本を一冊、タオルにくるんで小脇に抱えてちょいと失礼、くらいのレベルなら別にいいんじゃないか、とも思う。

ただ、本といってもいろいろある。

例えば山奥の鄙びた温泉旅館の露天風呂で、カバーの外れた古い薄茶色の文庫本、それもその地方が舞台の、人情ものの時代小説なんかを読んでいたらちょっと絵になる気がする。「いいね」をポチッと押したくなる。でもそれが、『ゼロからわかるマンガ財務諸表』だったら、なんだかな、と思う。『パチスロ必勝ガイド』。これではせっかくの温泉の風情が台無しだ。『週刊実話』。頼むからグラビアページをこっちに向けないでくれ。

マナーにはグラデーションがある。

客のまばらな露天風呂の片隅で、鳥の鳴き声を聞きながら静かに本を読むのは結構かもしれない。でも週末のスーパー銭湯の順番待ちのリラクゼーションバスだったら、ちっとも結構じゃない。そういうものだ。

やっぱり本の持ち込みは遠慮したほうが無難だろうと思うのは、どうしても周囲が気にしてしまうからだ。本を読んでいる人のそばでは、うっかり飛沫をたてられない。何ごとも空気を読んでほどほどに、の今の時代、他人に過剰な配慮を強いる行為は慎むべきだろう。

それに本の持ち込み可ということになると、例えば『ブラックジャック』全巻を持ち込んで堂々と長湯し、救急車で運ばれるような迷惑な者が現れるに違いない。また、それを小銭稼ぎのビジネスに転換しようと妙な企画をこしらえる者も出てくる。

「親子で集まれ！ お風呂で楽しむ絵本読み聞かせイベント！」

だからわざわざ風呂でやらなくても。

ちなみに三十代後半の元ラガーとおぼしき青年が読んでいた本は、遠目にもタイトルがはっきりと読み取れた。

『WE ARE LONELY, BUT NOT ALONE.』

なんだか、誘われているみたいだった。

危険な読書

小学生のとき、学校の図書館で借りた本を帰り道に読みながら帰宅したことがあった。確かシャーロック・ホームズのシリーズの何かで、カバーの外された青い上製本だった。

「感心ねえ、でも危ないよ」

近所の知らないおばさんから声をかけられた。本を読むことが感心なことかどうかは疑問だったけれど、「危ないよ」は本当にその通りだった。電柱にぶつかった。

人はいろんなところで本を読む。

自宅で、通勤電車で、カフェで、公園で、マンガ喫茶で、病院の待合室で。

時間と場所さえあれば、本はいつでもどこでも読める。前回は、露天風呂で本を読む人について書いた。いや、なにもそんなところで読まなくても、という場所でも、人は本を読む。

あるとき、高速道路の右車線を走行中、左車線の車を追い抜きざま、その車にちらりと視線をやって思わず二度見した。

運転手が本を読んでいた。

追い抜く瞬間のわずか一、二秒で見たもののすべてを記憶することはできないけれど、確かに、会社員らしき中年の男が車を運転しながら本を読んでいた。ハンドルの一時と十一時のあたりを両手で握り、その手で器用に本を開いて、視線は明らかにフロントガラスの向こうではなく、斜め下に落ちていた。

露天風呂に本を持ち込む人を見て、「え、それってありなんだ」と思ったのと同じように、思った。

え、それ、やっていいんだ。

いいわけがない。

でも——高速道路には信号がない。歩行者もいない。アクセルを踏み続けるだけであとはやることが何もない。左車線を走行していれば、後ろからやってくる車は勝手に追い抜いていってくれる。なるほど、高速道路だからこそ、これができてしまえるのだ。

もしテクノロジーが進化して完全自動運転が当たり前の時代がやってきたら、「最もリスクの低い運転中の読書」は、高速道路ということになるかもしれない。後方に遠ざかるその車をバックミラーで何度も見返しながら、なるほどなと妙に納得した。

とはいえ、危険は危険だ。カーブを曲がりきれなかった場合、合流してくる車に気づかなかった場合、前の車が急にブレーキをかけた場合、すべてのシチュエーションが即、大事故につながる。

「ごっめーん、ここ、面白くて止まんなくてさあ」

そんな言い訳は通用しない。罰則は免れず、会社もクビになる。もちろん生きていればの話だ。

正直にいえば、赤信号での停車中や渋滞で車がまったく動かないとき、本に手を伸ばしてページを開いたことはある。地図を片手に運転することだってある。

でもさすがに車が前に進めば、「読む」なんて行為は怖くてできない。本の中のわずか一行でいい、三十から四十文字くらいだろうか、それを時速五十キロで読むことを想像してほしい(やってみてほしいと言いたいが、とても言えない)。衝突の恐怖で「読む」なんてとてもできないはずだ。

ところが僕が見たその会社員風の男は、悠然と、平然と、泰然と、時速百キロ以上のスピードで鉄の塊を疾走させながら読んでいた。

ちゃんと文章が頭に入るのだろうか。でも入るから読むのだろう。いや本当に、何を読んでいたんだろうあの人は。

『交通事故判例百選』

さぞかし臨場感のある読書体験に違いない。

『すぐに役立つ入門図解　交通事故の過失割合ケース別288』

この場合、十対〇であなたが悪い。

いちおうネットで調べてみると、本を読みながらの運転は、スマホの「ながら運転」のように明文化されているわけではないけれど、明らかな危険運転であり減点と反則金の対象ということだ。

この話を書いたら、友達がメールをくれた。

「私も一般道でジャンプ読みながら運転してるトラック見たことある」

人はいろんなところで本を読む。

一歩おもてに出たら十分に注意しないといけない。いつ誰がどこで本を読んでいるかわからない。

想像力を働かせてはいけない

どうやら風邪をひいてしまったらしい。

暮れの忙しい時期に無理に押しこんだ仕事をなんとか片付け、クリスマスの暴飲暴食を経て、ふっと気を抜いた途端にダウンした。実にわかりやすい身体だ。

で、一日中横になっていると真っ昼間からぐうぐう寝てしまうわけで、昼間に寝ると今度は夜、眠れなくなるわけで、夜眠れないとひどく退屈なわけで、こうして丑三つ時に、買い置きしてあった小説とエッセイの本を交互に読んでいる。

読んでいる、といっても、よんどころない事情で読むのを中断したばかりだ。これ以上は読みたくても読み進められない。とても困っている。

この二冊、どちらも食べものがたくさん出てきて、その描写が実に見事なのだ。体調がすぐれないからとご飯に汁物だけの質素な夕食で深夜を迎えたこの空っぽの胃袋に、それは刺激が強すぎる。

エッセイのページをめくると、しょっぱなからカレーが登場する。

さらに、てんぷら、北京ダックときて、ハンバーガーとステーキが出てきたところでお腹がぐうと鳴った。これ以上読むともう我慢ができない。そう思ったので本を閉じた。

かわりに小説の読みかけのページを開くと、今度は作中の登場人物が、あろうことかいきなり塩バターラーメンについて語り出した。

柚木麻子の『ＢＵＴＴＥＲ』。この小説を読んだことのある方はご記憶かと思うが、ラーメンのエピソードは作品の中でかなり印象的だ。主人公が深夜の新宿で塩バターラーメンを味わうシーンを読んでいると、食べたくならずにはいられない。

本は想像力で読むものである。しかし空腹時の真夜中のラーメンほど、想像力を働かせてはいけないものはない。

だめだ、寝よう。本を閉じて布団を耳までかぶる。でも昼間たっぷりと寝たので、いっこうに眠れない。その上、頭の中はラーメンでいっぱいだ。寝よう寝よう、忘れよう忘れようと思えば思うほど、ラーメン屋の匂いが布団の中に充満する。暗闇に白い湯気がもうもうとたちこめる。枕元の電球に照らされた茶色のシーツが、熱い鶏ガラスープの表面に見えてくる。バターがとろりと溶ける。胡麻と青ネギの香り。チャーシューの脂の舌触り。そして細いちぢれ麺が口の中にずずずずず……

ぐわあああ。

食べたい。食べたいよ、塩バターラーメンが。

でも残念ながら我が家にはインスタントラーメンのストックがない。

体調がよければせめてコンビニに買いに走りたいところだけれど、そんな元気もない。

かわりに、何でもいいから近くに食べものはないか。スナック菓子でも、みかんでもいいから……。枕元のあたりを手探りでごそごそやり、おや、なにやらお菓子っぽい箱があるぞ、と見てみると、無念、そこにあったのは「葛根湯」だった。

本は想像力で読むものである。

哀しいのは、空腹だけは想像力で満たせないことだ。

本屋さんめぐりＤＡＹ

ある日、そうだ、今日は本屋さんめぐりをしよう、と思い立った。

これといってやることのない平日の朝で、ひねもすのたりのたり、みたいな過ごし方もいいけれど、それにしてはあまりにも天気がよすぎた。

この場合の本屋は、大型書店ではなくて、町の小さな本屋さんだ。お店の人の顔が思い浮かぶからだろうか、なんとなく、本屋、と呼び捨てにできない。「さん」を付けたくなる。

町の小さな本屋さんと大型書店のいちばんの違いは何かといえば、やっぱり在庫数だ。本の数が少ない。だから小さな本屋さんは、限られたスペースに並べる本を自ら選ぶことになる。

当然、個性が出る。新刊本や売れ行きのよい本を広く浅くという感じで扱うお店があれば、セレクトショップ的な雰囲気のお店もあり、ひとつのジャンルや特定のターゲットに的をしぼったお店もある。

新刊本が中心のお店であっても、店員さんや地域のお客さんの好みで棚の様相は変わる。例えば高校や大学がある町のお店は学習参考書やコミックスの面積が大きかったり、サラリーマンやビジネスマンが立ち寄るお店は自己啓発本やビジネス本が目立っていたり、という具合に。

その日、最初に入った本屋さんは、人通りの多いレジ付近の女性誌やティーンズ誌の雑誌棚の反対側、よく女性向けの実用書が並んでいるようなところが、「料理」でも「美容」でも「手芸」でも「インテリア」でもなく、「ミリタリー」だった。

レジを背に通路に立って左を向けば、きめ細やかな美しい肌に可愛らしいパステル色、まばゆい白、華やかなピンク。そして右を向けば、地を這うような迷彩グリーンに銃器のガンメタリック。その色彩のコントラストに目眩がした。特に「ミリタリー」はムック本や雑誌のバックナンバーが棚からはみ出すほど充実していて、執念、と表現したくなるようなこだわりが感じられた。個性とはそういうものだ。

商店街のアーケードにある普通の小さな本屋さんに、著名な作家のサイン本が何食わぬ顔でしれっと積まれていることもある。え？ ここに？ 思わず手にとる。この作家さんとお店のあいだに何か太いパイプでもあるのか。作家さんがここの常連だったりするのか。もしかして女性関係や金銭問題で弱みを握っているとか……。いろいろと想像を膨らませるうちに、レジで黙々と伝票整理をしている店長さんがいつもと違う人物に見えるから不思議だ。

ところで本屋さんのいいところは、お店の人が寡黙なことだ。だいたいどこのお店も静かで、会話は必要最小限。そして店内を自由に歩かせてくれる。世間話やお愛想が苦手で、どちらかというと人の顔色をうかがいながら目立たないようにこそこそと生きてきたタイプの自分にとって、これはとてもありがたいことだ。

本屋の店員さんは、客が来店しても、「いらっしゃいませこんにちはー」とか言わない。店の商品を物色していても「今日はパンツをお探しですか」「こちらのデニムなんかも今っぽくてけっこうお似合いですよ」みたいなことは言わない。もし店内を歩いていて「今日は団鬼六をお探しですか」「こちらのＢＬも今っぽくてけっこうお似合いですよ」なんて声をかけられたら、ちょっともうその本屋さんには入れない。

ただし、その寡黙さのせいで逆に緊張を強いられることもある。

専門書が中心の本屋さんに入るときは、気持ちが少し張り詰める。なぜだろう、静かであればあるほど、店員さんの視線が気になる。「店員さんは博識」と勝手に思い込んでいるからかもしれない。棚から抜き出す本の一冊一冊、めくる一ページ一ページ、「はん、君のレベルはその程度か」と逆にこちらが品定めされているような気になってしまい、迂闊に棚に手を伸ばせない。もちろんこれはただの自意識過剰だ。

もうひとつ緊張する理由として、その分野に興味のある人しか訪れないから、どこもお客さんが少ないというのもある。

本を選ぶ側にとって、それは本来悪いことではない。ほかのお客さんに邪魔されず、売場を自由に移動して好きな本を手にとれるのは快適だ。ただ、好きなジャンルであるがゆえ、同じ棚を行ったり来たり、同じ本を抜いたり戻したり、あれもこれもと物色しているうちに、自然と滞在時間が長くなってしまう。

狭い店内に店員さんひとり、自分ひとりの場合、そのマンツーマン体制での沈黙が長く続くと、だんだん、何か一冊買わないといけない、という雰囲気になってくる。このまま何も買わずに帰ったらお店の人を不快にしてしまうのではないかと心配でしょうがない。

うん、何か一冊、買って帰ろう。

そこは写真集の専門店で、お店に入ってからずいぶん長い時間が経過していた。海外の写真集の棚に、いいな、と思う一冊を見つけた。これにしよう。そう思って値段を確かめる。一万六千円＋税。

これじゃない感、を全身で精いっぱい表現しながら棚に戻す。

専門書は高い。写真集は特に高い。

ちょっといいな、と思っても、躊躇する。別の写真集を手にとる。値段を見る。躊躇する。戻す。また違う写真集を手にとる。躊躇する。戻す。

躊躇、躊躇、躊躇。これでは躊躇の専門店ではないか。

最終的に手頃な価格の気に入った写真集があったので、おそるおそる、それをレジに持っていった。

（結局、安いの買うんだな）

心の内を読まれている気がして、嫌な汗が出た。

でも、お店の人は僕と目が合うと、とたんに嬉しそうな顔でそれを受け取り、まるで百貨店の店員さんが高級な瀬戸物を扱うみたいな手つきで、その本をわざわざ薄紙できれいに包んでくれた。

「手提げ、あったほうがいいですか？」

「あ、はい、お願いします」

薄紙をお洒落なテープでとめ、透明の丈夫な袋に入れて、両手で丁寧に渡してくれた。いい人だった。

「ありがとうございました」

「ありがとうございました」


その日は、五つの本屋さんを訪ねて、ハードカバーの新刊、文庫の新刊、好きな役者さんのエッセイ、古書のシナリオ雑誌、写真集を買った。本を持つのを重たく感じたら、それが帰りどきのサインだ。それ以上は欲張らず、おとなしく帰宅する。

何てことのない一日だけれど、ただ本屋さんに本を買いに行くだけで、それは僕にとってはちょっとしたレジャーだ。そしてそれがほかのレジャーと大きく異なるのは、家に帰ってからこそ、たっぷり楽しめるということだ。

本を買いに行くとお金に振り回される

豊かさとは何だろう。

生活の質、お金、人間関係、ひとくちに「豊かさ」といっても人によってその言葉の捉え方はいろいろあるけれど、個人的には、「読みたい本を自由に買える経済状況下にある」というのを、豊かさのひとつの基準と考えている。

好きな本を好きなときに好きなように買える、そのくらいのお金の余裕があれば、まあ食べることにも生きることにも不自由はしないだろうし、とりあえず健康で文化的な最低限度の生活が保証されている、ということになりはしないか。

本はお金を出して買うものだ。

しかし、本を買いに行って、本以外のことでお金がかかることもある。自宅から車で二十分、その本屋は、店舗が入っているビルの地下駐車場を利用すると、三十分200円の駐車料金がかかる。

売場面積が広く品揃えも豊富で、欲しい本はたいていそのお店で手に入るから、できれば毎日でも足を運びたいのだけれど、この小さな出費が足枷になってなかなか頻繁に通い詰めるというわけにいかない。

売場を歩き回り、本を手にとって立ち読みし、あれを買おうかこれを買おうかと迷う時間を考えれば、最低料金の三十分という制限時間はせわしない。最低でも一時間は欲しい。しかしそうなると駐車料金は400円もかかってしまう。

「電車やバスで行ったってどうせ同じくらいの交通費がかかるんだから、別にそのくらいケチらなくても」

自分でもそう思う。でも、400円という金額は、本屋に一歩足を踏み入れた途端、「そのくらい」ではなくなるから不思議だ。

400円といえば、新潮文庫の『羅生門・鼻』が370円+税で買える。『人間失格』にいたっては、268円+税だ。『雪国』も『こころ』も、カフカの『変身』だって買える。百円玉をもうひとつふたつ足せば、現代作家の薄めの文庫本だって、コミックスの単行本だって、新しいものを一冊買える（なんなら古本屋に行けば、『羅生門・鼻』『人間失格』『雪国』『こころ』の四冊をまとめて買っても500円でおつりがくる）。

400円というのは、たかが400円だけれど、本屋ではされど400円。時間つぶしに入ったカフェで注文するカフェラテ一杯400円とはまったくもって価値が違うのだ。駐車場に一時間ばかし車をとめておくだけで、芥川の短篇八本分と同じ価値を喪失するだなんて、こんな残酷で理不尽な支払いがあるだろうか。

ただ、駐車料金は必ずしも支払わなければならないというわけではない。

その本屋は親切なことに、「駐車券サービス」というものをやっている。

「3000円以上のお買い物で一時間無料」

そして結局、毎回「3000円以上のお買い物」をすることになる。なんか上手にはめられている気がしないでもないが、どうせ400円を支払うのなら、何の生産性もない駐車料金として支払うより、本の代金の一部として支払いたい。

困るのは、買いたい本を何冊か選んだとき、例えば「合計が2800円」のように、微妙に足りないときだ。

あと200円。200円買い足そう。

といっても200円の本など、そう都合よく売っていない（あったとしても読みたい本ではない可能性が高い）。これが入庫から二十分、三十分の段階なら、まだ時間の余裕があるので、売場をゆっくりと歩いて本を選ぶことができる。しかしこれが入庫から四十分を過ぎていたりすると、早急に決めなければいけないという焦りが生じる。

そういうときに限って、買いたい本はなかなか見つからない。前から気になっていた本があった気がする、と必死に思い出そうとするものの、探しものをするときの常で、思い出そうとすればするほど思い出したいものは思い出せない。じゃあしかたがない、好きな作家の未読の作品でも買おう。そう思って棚を見ても、並んでいるのは全部すでに所有しているものばかりで頭を抱える。

残り時間が十五分を切ると、いよいよ冷静な判断ができなくなる。レジで支払いをして駐車場に戻る時間を考えれば、今すぐにでも買う本を決めなければならない。悪魔が耳元でささやく。

(もうこの際、本なら何でもいいんじゃないか)

いや、だめだ。そんなのは負けだ。何と戦っているのかわからないけれど、お店に入って欲しくもない商品を買って帰るのは負けという気がする。でも目の前に欲しい本がない。でも駐車料金は払いたくない。でも時間がない。でも――やばいやばい早く決めなきゃ。早く買わなきゃ。どうする、どうしよう。

入庫から一時間を経過した場合、駐車料金はさらに２００円加算され６００円に跳ね上がる。これだけ悶え苦しんで３０００円近い出費をした挙げ句、さらに６００円を余計に支払うなんて絶対にいやだ。

ここまでくると何のために本屋に来たのか、もう訳がわからなくなっている。

あっ、レジに列ができてる。

あー、うーん、もうこれでいいや。

そんな感じで、文庫新刊のコーナーに平積みになっている薄めの一冊を手にとる。あと六分。読んだことのない作家さんだけど、帯では有名人が絶賛しているし、何かの文学賞も受賞しているらしい。きっと面白い。面白いに違いない。これを買おう。たぶん買ってよかったと思える。思えるに違いない。これがまさに僕の欲しい本だ。

時間を確かめる。あと五分。早足でレジに向かう。すぐにバーコードを読み取ってもらえるよう、カバーの裏表紙側を揃えて差し出す。

いらっしゃいませ、カバーをおかけする本はありま——店員さんが言い終わらぬうちに「ないです」と即答する。

袋はご利用に——いらないです。

当店のポイントカードはお持——ないです。

駐車券のご利——ないです。

あ、いや、あります、ありますあります。

あと三分。

駐車場に降りるエレベーターを待つのがもどかしく、階段を一段飛ばしで駆け下りる。

車に乗り込みキーを回すと同時に発進。急いで出口に向かい、精算機に駐車券を挿入する。

「０円」

その表示に、よっしゃあ、と快哉を叫ぶ。

僕はいったい、何をやっているんだろう。

ところで、「読んだことのない作家さんだけど、帯では有名人が絶賛しているし、何かの文学賞も受賞しているらしい。きっと面白い。面白いに違いない」と最後の最後で買い足した文庫は、帰宅すると同じ作品のハードカバーが部屋にあった、というのがありがちなオチで、そしてやはり結局、読まなかったりする。

改めて考える。

豊かさとは、本を買いに出かけてお金に振り回されないことだ。

睡眠導入剤

いつも枕元に置いておく本がある。

何のために置いておくかというと、読むためというより眠るため、正確には、眠りにつくためだ。

さてそろそろ寝よう。ベッドサイドの灯りを点け、布団にもぐり、本を手にとる。えーと、昨日はどこまで読んだっけ。ページをぺらぺらめくり、あ、このへんだ、と思い出して読みはじめる。すると十分も経たぬうち、いつのまにか寝息を立てている。そういう便利な本だ。

本を睡眠導入剤として活用している人は少なくないと思う。

その日の体調や疲れ具合によって、いつも確実に眠れるというわけではないけれど、薬と違って副作用の心配はないし、習慣化すれば、まあだいたい、読んでいるうちに本当に自然と眠くなる。読みはじめて早々、次のページをめくる前に記憶をなくすこともある。

こういうとき、小難しい本が適していると思われがちだが、むしろ頭を酷使しないと理解できない内容の本より、とりあえず何も考えずに頭に入ってくる本のほうがいい。いきなり退屈な本、嫌気がさしてしまう本では、眠くなる前に放り出してしまうからだ。世の中に存在するありとあらゆる快眠アイテムの宣伝文句と同じように、リラックス、そしてストレスフリーが肝心だ。

小説はやめておいたほうがいい。物語性が強いものは、万が一その世界にはまってしまうと、神経が高ぶって逆に眠れなくなる危険性がある。目の前でいきなり人が謎の死を遂げたらその理由を知りたくなってしまうし、愛人との情事の最中に妻が部屋に乗り込んできたら、その顛末を知らずには眠れない。

特にそれが短編小説の場合、読みはじめの時点で残りあと十数ページとわかっていると、どうせなら読み切ってしまいたいという無駄な欲望が湧いてくる。これから寝るのだ。そんな意欲はいらない。ほどよく本の世界に入り込めて、入り込んでいるうちに気づけば手を離している本、そういう本にこそ価値がある。

最近、ちょうどいいのを見つけた。

著名な学者さんの書いた日本の近現代史の入門書で、語り口がなめらかで読みやすく、情報量も豊富だ。歴史の本は、ある程度そこに書かれていることが周知の事実である、というのがミソだ。

特に近現代史は基本的にすでに明らかになっている史実をなぞるから、「卑弥呼なんていなかった!」「信長は生きていた!」「上杉謙信は女だった!」みたいな独自の解釈や創作性でドラマチックに盛り上がることがない。テンションはおおむね平坦だ。新しい知識を少しだけ織り交ぜながら、でもだいたいはすでに知っていることをなぞるのが、「明日も早いし、そろそろ寝よう」の気分にちょうどいい。

　そうそう、そうそう、あーそうだったんだ、そうそう、そうそう、へー、そうなんだねー、そうそう、そうそう……、既知の事実の羅列は、学生時代の退屈な授業と同じように心地よく睡眠欲に作用する。

　そうそう、そうなんだね、そうそう、そうそう、そうそう……自然と瞼が重くなる。視界が狭まる。満州事変について読んでいるうち、リットン調査団のあたりで記憶がなくなる。夢の中でハットをかぶり、南満州鉄道の線路脇を歩いている。松岡洋右に続いて国際連盟から脱退している。

「松岡さん、この会議場のドア、閉めちゃっていいですか？　開けたままのほうがいいですかね」

「どっちでもいいよ」

「じゃ、半分だけ開けときますね」

　現実に戻れば、令和。いつもの朝だ。

　そんな、入眠のための本や映画のストックがいくつかある。

いつまで経っても最後まで読み終えることのできない本、最後まで見終わらない映画。そういう作品は、はっきり言ってもう結末なんてどうでもいい。ある映画にいたっては、映画館で寝て、レンタルDVDで寝て、アマゾンのPrime Videoで寝た。僕にとってその映画はもう快眠のためだけにしか存在しない。タイトルをぜひここで紹介したいけれど、それを作った人たちの気持ちを考えると絶対に書けない。それに眠気というのはあくまで個人的なものだ。


と、この本をここまで読み進めるあいだ、電気を点けっぱなしにしたままシーツの上に本を落とした人は何人いるだろうか。

その人はきっと丸三日寝ていなかった、と思いたい。

おやすみなさい。よい夢を。

はさむもの

読みかけの本に挟むものがないと困る。

しおり。と冷静に言い返されそうだが、しおりがないから困るのだ。

よくしおりをなくす。ボールペンや百均のビニール傘と同じように、しおりは普通に使っていても、いつのまにか手元から消え失せている。

本を買うと、新刊案内のチラシや読者アンケートのハガキなど、最初から何かしら挟み込まれていることがあって、それはよくしおりの代用品になる。でもそれらは、どうせ捨てるもの、という認識なので、扱いがいい加減になり、本を持ち運んでいるうちにどこかへやってしまうことが多い。

「スピン」と呼ばれるあの便利な細い紐がぶら下がっていれば解決するの

だけれど、あれはすべての本に必ずついているというわけではない。

ではしおりがないとき、何を挟むか。

外出先で読みかけの本を閉じるとき、よく使うのはレシートだ。フリーランスで仕事をしている人間にとってレシートは命の次に大切なもので、未整理の束が常時財布にたまっている。できるだけ、なくしても構わない小額の買い物のレシートを使う。

レシートがない場合は、そのとき財布の中に入っている何かしらの割引券、クーポン、お店でもらったきり使っていないポイントカード、そこが飲食店ならテーブルの上の紙ナプキンや箸袋もよく使う。

公園や河川敷などの屋外だったら、落ちている乾いた葉っぱをちょっと風流を気取りながら挟んでみたりしている。新幹線で本を読むときは、自動券売機で切符と別に出てくる領収書がサイズも厚さもちょうどいい。スタジアムや劇場、映画館ならチケットの半券が定番だ。

家の中ではどうか。僕がよく使うのは、本を読みながら食べるお菓子のパッケージの一部だ。切り口から指でつまんで開封したときの切れ端。アイスのへらが入っている薄い紙の袋やストロー袋なんかもけっこう使える。アルミ缶のプルタブを挟んだこともあった。ちょっとごわつくけれど、「パイの実」などの箱の、ばばばばばばばと最初に指でもぎ取る切り口の部分もいい（↑なんという名称なのかわからない）。

家の中はそれ以外にもしおりの代用品であふれている。

メモ用紙やティッシュペーパーは、ちょっと立ち上がればすぐに手が届く。鉛筆や定規といった文具、耳かき、エアコンの薄型リモコンやレゴの細長いパーツも意外と使える。すぐにまた読みはじめるなら、スマホだって臨時のしおりになる。

微妙なところでは、バナナのあのへなへなした白い筋。

さすがに抵抗があったけれど、そのときは風呂でバナナを食べながら本を読んでいたので、平べったくて挟めるものといえば、バナナの皮とバナナの筋のほかに選択肢がなかった。次にその本を開いたとき、その筋がどうなっていたか、ページにどんな痕がついていたか、まったく記憶にないので、もしかしたら今も本棚のどこかでそれが押し花ならぬ押しバナナになっている可能性もある。

そう、本に挟むもの、にはひとつ問題があって、それは挟んだことを忘れてしまうことだ。途中まで読んで続きを読まない本というのはけっこうある。大事なメモを挟んだりすると、挟んだことを忘れてあとで後悔することになる。人に見られたくないメモを挟んだまますっかりその本を誰かに貸して恥ずかしい思いをする可能性もある。

《タマゴ、パン粉、とりにく（ムネ！）、味ぽん》

どう見てもスーパーの買い物メモだ。そういうものが本の中からぽろっと出てくる。胸肉を買うよう強く念を押しているところからすると、まだそのメニューを作り慣れていない頃のメモだろう。

先日、整理をしていたら、昔の引越ダンボールから一冊の文庫本が出てきた。社会の底辺で暮らす人たちが劣等感や孤独、貧しさを抱えながら生きる姿を描いたノンフィクションで、社会人になったばかりの頃に買った本だ。

お、この本ここにあったんだ。懐かしいな。

軽い気持ちでぺらぺらページをめくっていたら、ルーズリーフの切れ端のような紙片がはらりと床に落ちた。

《カギあけっぱでぶっそうですが、二日酔いキビしいので帰ります。何かあったら連絡して。ほほえましい寝すがたに安心した》

なんだこれ、と思うと同時に、二十年近く前の記憶が甦る。

まだ二十代の前半だったとき、この本を友達の女の子に貸したことがあった。彼女はそのときちょっとプライベートで問題を抱えていて、ある晩、ひとりでいることに耐えきれず、僕の部屋にやってきた。

僕らは一緒にご飯を食べて、お酒を飲んだ。でも、僕は話を聞くこと以外、彼女に何もしてやれなかった。やさしい言葉で慰めたり励ましたりするどころか、むしろ僕のほうが取り乱してしまった。まるで役に立たない僕のかわりに、翌朝、彼女は僕の部屋にあったその本を持ち帰った。

メモのメッセージは、僕の字ではない。

後日、彼女がちゃんと話を聞いてもらうために、僕ではない別の誰かを自分の部屋に呼んで、また一緒にお酒を飲んだり、相談したり、慰めてもらったりして、その誰かが部屋を出るときに書き置きとして残したものを、彼女が何気なく本に挟んでおいたのだろう。

そしてそのまま、挟んだことを忘れた。

ああ、懐かしい。そのときの自分の不甲斐なさと、彼女のそばに寄り添っていた見知らぬ誰かへの小さな嫉妬のようなものが、当時と同じ生々しさでちくりと胸を刺した。

「本、ありがとね。自分よりもつらい人が世の中にいると思うだけで、少しは楽になったよ」

そう言って彼女が本を返してくれたのは、すっかり元気を取り戻してからのことだ。


昔のことをいろいろと思い出しているうちに、なんだか捨てるのがためらわれて、その書き置きはそのまま本に挟んでおくことにした。

いつかまた開くときがあるかもしれないし、もう永遠に開かないかもしれない。それでも、そのしおりはそこにあるべきだと思った。

しおりは時間を止め、そして時間を運ぶ。

思い出だって運んでくれる。

戯曲と呪文

本来はまったくの専門外なのだけれど、先日、ひょんなきっかけから演劇の舞台美術の仕事をした。

ステージ全体の美術プランを考え、ラフスケッチのようなものを描いて、「こういうシンプルな感じでどうですかね？」「こういう雰囲気の空間がいいと思うんですけど」「一幕で使うこれを二幕ではこんなふうに使って」と主催者や演出家に提案する仕事だ。

依頼をもらったときは、なぜ自分が？ と思ったけれど、とてもお世話になっている人からの依頼だったので、僕で役に立つのならと引き受けた。するとすぐに上演する演目の戯曲（台本）として、一冊の本を渡された。

アントン・チェーホフ『かもめ』。

とりあえず読まなければイメージも何も浮かばないので、さっそく読みはじめた。外国の戯曲なんて久しぶりだ。学生時代に読んだシェイクスピアやニール・サイモン以来かもしれない。

数ページ読み進めて愕然とした。

内容がまったく頭に入ってこない。役名がおぼえられないのだ。

コンスタンチン・ガヴリーロヴィチ・トレープレフ、イリーナ・ニコラエヴナ・アルカージナ、ボリス・アレクセーエヴィチ・トリゴーリン、ニーナ・ミハイロヴナ・ザレーチナヤ、ピョートル・ニコラエヴィチ・ソーリン、イリヤ・アファナーシエヴィチ・シャムラーエフ、ポリーナ・アンドレーエヴナ、セミョン・セミョーノヴィチ・メドヴェジエンコ、エヴゲニー・セルゲーエヴィチ・ドルン……。

呪文だ。これを読んでいる十人中十人が、前段落の一行目の途中から、その後のすべてを読み飛ばしたはずだ。

これがもし、日本人だったら。

鈴木春雄、鈴木晴斗、鈴木香織、山田樹莉亜、マイケル富岡……。

これなら、なんとなく自然と頭に入ってくる。これだけの情報でまず、鈴木家の物語だな、とわかる。春雄と晴斗は名前の感じからして父親とその息子（あるいは祖父と孫）だろうと想像できるし、香織の立ち位置も、晴斗の姉、妹、妻、あるいはちょっと若い母親といったあたりで見当がつく。山田樹莉亜のポジションははっきりしないが、とりあえず親が元ヤンの可能性がある。マイケル富岡の場合は、ひとまず実在のマイケル富岡の顔を当てはめる。鈴木一家に騒動をもたらす役回りはきっとこの男だな、と想像できる。

それに比べると、外国の人名はただの記号だ。

「メアリー」とか「ジェームズ」とか「マイケル」とか、比較的なじみのある英語圏の名前ならまだいいけれど、これがロシア人となると男女の区別もおぼつかない。年齢もわからない。ミドルネームも厄介だし、さらに劇中の台詞では本名ではなく愛称で呼ばれたりするから、読めば読むほど混乱を極める。何度も何度もはじめのほうのページにある登場人物一覧を見直さないといけない。

年齢とともに記憶力が、と言い訳をしたいところだけれど、そもそも学生のときから海外の戯曲は苦手だった。

役名をおぼえるまでに時間がかかって、肝心の物語に集中できない。内容を理解するどころか、筋を追うのもおぼつかない。読んでいるうちに眠くなってくる。だんだん、誰が誰を愛して誰が誰を憎んでも、なんかこう、別にどうでもいいじゃん、海の向こうで勝手にやってくれれば、という、そんな投げやりな気分になってくる。

同様の理由から海外小説も苦手だ。ただそちらは「小説」なので、丁寧に読み進めれば自然と頭に入る仕組みになっている。特にミステリーは「読ませる」ことについてかなり配慮されている。キャラクターをどのように登場させ、どのように読者の頭の中に定着させるかは、小説という表現のテクニックのうちのひとつだからだ。

でも戯曲は違う。シナリオの体裁で進行するテキストは、あくまで舞台やドラマの設計図のようなものであって、観客の前で演じ、観客がそれを見て理解できることのほうが大事なのだ。だから、そもそも読んで楽しむことを前提としていない。「シナリオ文学」なるものが文学作品としていまだに認知されていないのは、きっとそれが最大の原因だろう。

逆に、登場人物とその人間関係が一度ちゃんと頭の中に入れば、戯曲は面白い。脳内のステージで人間が勝手に動き出し、生き生きとしゃべりはじめる。そしてそれが舞台の上で役者によって表現されると、さらに面白くなる。読んでよし、見てよし。少なくとも戯曲は二回楽しめる。

『かもめ』の本番のステージは、戯曲で読むより数倍面白かった。

戯曲を好んで読む人は少ない。脚本、シナリオ、ジャンルによっていろいろと言い方は異なるけれど、ト書きと台詞だけで構成される読みものに、もう少し光が当たってもいいんじゃないかと思う。向田邦子や山田太一の作品のようにもっと本になって親しまれてほしい。金城一紀の『ＧＯ』を読むなら、宮藤官九郎の『ＧＯ』もぜひ一緒に。

もう絶版になってしまったみたいだけれど、三谷幸喜脚本のテレビドラマ『今夜、宇宙の片隅で』のシナリオ本はおすすめです。舞台はアメリカ、ニューヨーク。でも主要な登場人物はたった三人、全員日本人だから安心です。

プレゼントの圧力

人に何かをプレゼントするとき、本をあげるというのはひとつの手だ。

春、本屋の児童書コーナーを歩くと、「ご入園・ご入学に」と書かれた桜色のＰＯＰをよく見かける。

本の何がいいって、安いのがいい。

子ども向けの本の場合、一冊が一万円以上ということはまずないだろう。あのばかでかい『ＭＡＰＳ』だって三千円台、愛蔵版にしても五千円程度だ。普通の絵本なら千円台でおさまる。小学生向けの分厚い国語辞典や図鑑だってまあ二千円台。これがちょっと名の知れたブランドの子ども服を包むとなると、二千円、三千円じゃとてもきかない。

相手が子どもじゃなくても、本は贈り物としてリーズナブルだ。たいていの本は二千円あれば買える。文庫本なら千円札でおつりがくる。

でも、本をプレゼントするのは案外難しい。コスト面のハードルは低くても、それ以外のハードルがやけに高いのだ。まずもって、その本を相手に気に入ってもらえるか、読んでもらえるかどうかがわからない。

もし自分が本を贈られる側だったらどうだろう。ある日、友人が本をくれたとする。きれいなラッピングを丁寧にはがすと、その本は現れる。

『世界のロープマジック②』

三千円以上する立派な本だ。でも僕はそもそもロープマジックに興味がないし、マジック用のロープも持っていない。著者のスチュワート・ジェームスも知らない。どうだろう、気に入るだろうか。読むだろうか。これが『世界のロープマジック①』だったら読むか。そういう問題ではない。

あ、どうも。ありがとう。とりあえず感謝を口にしつつ、心の眉間にいくらかしわが寄る。え、なんでこれ？

本のプレゼントは、受け取る側にプレッシャーを与えてしまうのも大きな問題だ。

「これ、読まなくちゃいけないよな……」

「読んだら感想を言わなくちゃいけないよな……」

雑誌、実用書、軽い感じのエッセイなら、さっと読めるからまだいい。レシピ本だったら「これ美味しそうだね！」とその場でページをめくって一緒に楽しめるし、写真集やアート系の作品集なら「素敵だね」とすぐに感想を口にできる。

でもこれが長篇小説だったり、難しそうな評論や専門書となると、そのプレッシャーは強大だ。枕元に積んである未読の本を押しのけてまで先にこれを読まなきゃいけないのか……そう思ってしまうと憂鬱だ。そう感じた時点で、プレゼントしてくれた相手の誠意や好意に対して申し訳ない気持ちになるし、その本を読むのにかかる時間をうっかり時給換算して自己嫌悪に陥ったりもする。

と、こんなことを書くのは、もうすぐホワイトデーだからだ。

バレンタインデーと違って、ホワイトデーは「プレゼント能力」みたいなものを試されるから困る。「チョコレートとほぼ同額のお菓子」で女性は満足しない。そしてついうっかり、男性が女性に「本」をプレゼントすると、たいていの場合、失敗する。

これはホワイトデーの話ではないけれど、大学生のとき付き合っていた彼女の誕生日に本をプレゼントしたことがあった。

サッカーのW杯が日本と韓国で開催される少し前のことだ。彼女は僕のサッカー好きに付き合って、テレビのW杯関連番組をしょっちゅう一緒に見てくれた。そしてその度に、「ベッカムが出てきたら教えて」「ベッカムかっこいい」と口にしていた。

もちろんそれは僕の趣味に話を合わせていただけであって、彼女はサッカー好きでもなんでもない。オフサイドのルールだって知らない。ベッカムのルックスに興味はあっても、試合でどんなプレーをするか、どんなに素晴らしいフリーキックを蹴るかなんてどうでもよく、彼が苦難を乗り越えてイングランド代表のキャプテンマークを巻くに至った経緯についてもまったく関心がない。

にも関わらず、僕はプレゼントしてしまった。

デイヴィッド・ベッカム『マイ・ワールド』。

喜ぶに決まっていると思った。

当時はまだ日本語版が出ていなかったので、わざわざ洋書を取り扱っている大型書店まで足を運んで輸入品を手に入れた。それを自分で丁寧にラッピングして、シールタイプのデコレーションリボンなんかもウキウキしながら貼りつけて、彼女の誕生日の夜に手渡した。

受け取り、包装を解いたときの彼女の頬の引きつりを忘れない。

「あ、ありがとう……」

語尾が震えていた。

僕は知った。本というのは、うっかりプレゼントしてはいけないと。

ちなみにこのときはベッカムの本のほかにちゃんとアクセサリーも用意していたので、このプレゼントはおまけ扱い、ある種のユーモア、ということで済んだ。ベッカムオンリーだったらと思うと鳥肌が立つ。

本をプレゼントするのは難しい。

相手にとって興味関心のある分野の本であればいいかといえば、これがそうでもない。人の趣味は「好き」が細分化されているから、本当にピンポイントでそこを狙わないと、期待したほど喜ばれないことが多い。

例えば音楽が好きな人にモーツァルトの本をプレゼントして喜ばれるだろうか。（いや、モーツァルトじゃないんだな）そう思われる可能性のほうが高い。野球好きに、愛甲猛『球界の野良犬』をプレゼントするとしたら、その相手は年季の入ったロッテファンでなければならない。いや、年季の入ったロッテファンでも喜んでくれるかどうかはわからない。

「あなた、これ好きでしょ?」という態度で好きでもないものを押しつけられることほど、受け取る側として困ることはない。そういう贈り物はたいてい「余計なお世話」にしかならない。（そしてどんなに相手のためになるとしても、女性にダイエットの本をプレゼントするのだけはやめておいたほうがいい。）

では、本はプレゼントしないほうがいいのだろうか。そんなことはないと思う。プレッシャーをかけなければ全然いい。

個人的には、写真集や画集は嬉しい。好きなジャンルじゃなくても、ぺらぺらめくるだけで楽しめるからだ。ちょっとベタな感じもするけれど、詩集も案外いいと思う。気に入ろうが気に入るまいが、めくりたいときにめくればいいという気軽さは、贈り物として感じがいい。本のプレゼントで大事なのは、きっと軽さだ。いかに相手にプレッシャーをかけないか。これに尽きる。

「私、これ読んですっごい泣いたの！　絶対読んでみて。感想聞かせて。まじでこれ、私のこれまでの人生でいちばん好きな本だから。ここ、ここ、この部分。59ページのとこ。付箋つけといたからね」

こういうプレゼントは、もはやプレゼントではない。
ちなみに僕がもらっていちばん嬉しいプレゼントはこれです。
図書カード。

名言集

有名な話だが、ソフトバンクの孫社長は、「髪の毛が後退しているのではない。私が前進しているのである」と言った。けだし名言である。名言が好きだ。名言は、鮮やかに世界を切り取る。それは発見であり、納得であり、ときに解放でもある。

この孫社長の場合、わずか二十八文字から、勇敢なる悲哀、とても表現したくなるような胸の内の葛藤を感じとれる。もしこれが喜劇であったならば、この前向きな発言の発想力と推進力を逆手にとって、前進する社長の後頭部に残された毛髪を、社内の抵抗勢力にぐいと引っ張らせてみたくなる。ちょっと面白いドラマが生まれそうな予感がする。

さて、いわゆる名言集、格言集、箴言集。その手の本が、世の中にはごまんとある。ゲーテやニーチェといった文豪や哲学者、思想家のものから、成功を収めた経営者、戦国武将、果てはドラえもんや島耕作、スラムダンクの安西先生といった漫画のキャラクターのものまで、本屋に行けばたくさんの名言を集めた本が売られている。

そこには人生の重要なエッセンスが、端的に、単刀直入に、ズバリ表現され、列挙されている。分厚い本を全部読まなくても、「この人が言ったこと、ここが大事だよ」とピンポイントで教えてくれるから、とても便利でお手軽だ。例えるなら、歌のサビだけをつなげた名曲メドレーやスポーツ番組のハイライト映像のようなものだ。

「サッカーの試合を九十分見るのは苦痛だけれど、ゴールシーンだけは見たい」というのにも近い。「メッシの素晴らしいゴール」は、キックオフから試合のすべてを通して見ようと、ゴール前にラストパスが送られる瞬間から見ようと、それが「メッシの素晴らしいゴール」であることに変わりはないのであって、名言というのは一行すらすらっと書かれているだけで、それのみ単独で成立してしまう。まるで一本の詩のようでもある。そして詩よりもうんと実用的だ。

ただ、本屋でそういった名言本を手にとるのは、ちょっと恥ずかしい。特に平積みされているベストセラーだとなおさらだ。

なんというか、安易でお手軽なものにすぐ飛びつく横着者、と周囲から見られるような気がする。特に最近の名言本は、「人生が変わる！」「教養が身につく！」「勇気がわく！」みたいな帯のキャッチフレーズやサブタイトルが目立ってしかたないので、それを持ってレジに並ぶとまわりのお客さんの視線が気になり居心地が悪いのだ。自意識過剰、万歳。

だから名言そのものは好きなのに、この類いの本はあまり持っていない。

ただ、とても大切にしている本が二冊ある。

新潮文庫『両手いっぱいの言葉――413のアフォリズム――』と、角川文庫『ポケットに名言を』。どちらも寺山修司だ。

二冊とも、まだ大学に入学したばかりの十八歳のときに買った。以来、ときどきページをめくっては、そのたびに何かを発見し、何かに納得し、何かから解放されている。どういうわけか、何度繰り返し読んでも毎回必ず新鮮な「何か」が見つかるから不思議だ。そしてそれこそが、名言集の特性でもある。

ちなみに新潮文庫は寺山自身の過去の著作の中から、角川文庫は世界の文芸、映画、歌謡曲などから、名台詞や名表現を集めたものになっている。二冊並べると、寺山の「内側」「外側」両方の名言集ということになり、バランスがいい。

時には、言葉は思い出にすぎない。だが、ときには言葉は世界全部の重さと釣合うこともあるだろう。そして、そんな言葉こそが「名言」ということになるのである。——『ポケットに名言を』寺山修司

「名言集というのは、言葉の貯金通帳なのね」
と言った女の子がいる。そうかも知れない。
――『両手いっぱいの言葉――413のアフォリズム――』寺山修司

どちらも文庫なので、カバーを外してしまえば同じシリーズの別の本と見た目は一緒だ。名言集とは気づかれない。さらにどちらも大きめの古本屋に行けば安価コーナーで買えてしまう。これ以上コストパフォーマンスに優れたものを僕は知らない。

寺山修司はしばしば言葉を「友」に例える。

普段は寡黙で、こちらが心を開かないと本音で話してくれない。でも、けして裏切ることはない。僕にとってこの二冊はまさにそんな本だ。

本音を言えば、自分だけの友であって欲しい。

ホラーが読めない

そもそも怖がりだ。

子どものとき、UFOや宇宙人、超常現象を扱った矢追純一のオカルト番組をテレビで見て、トイレに行けなくなった。父がよく見ていた『火曜サスペンス劇場』や『はぐれ刑事純情派』といった刑事ドラマも怖かった。友達の家に遊びに行き、『金田一少年の事件簿』のコミックスを読んでひとりで家に帰れなくなったこともある。『名探偵コナン』の、犯人が誰か判明する前に登場するあの真っ黒な真犯人のシルエットですら恐ろしい。

サスペンスやミステリーでさえこの調子なので、「ホラー」というジャンルがすこぶる苦手だ。

ホラー映画は、高校生のとき地元の映画館で見た『リング』『らせん』でもうこりた。大学時代、芸術学部映画学科という珍しいところに所属してたくさん映画を見たけれど、ホラー映画は一本も見ていない。『エクソシスト』も『オーメン』も『サイコ』や『シャイニング』だって見ていない。

ホラー小説なんて一冊も持っていない。悪夢のような恐ろしい光景をわざわざ頭の中で想像して楽しむ、そんな行為を愛好する人間の存在がまずもって信じられない。サスペンス小説やミステリー小説ならなんとか読めるものの、正直に言うと、読んでいるあいだはちょっと怖い。できるだけ背後が気にならない明るい場所で読むように気をつけている。

ただ、そのくせにけっこう事件ものが好きだ。

凄惨な殺人事件とか、子どもが巻き込まれた事件とか、概要を読むだけで目をつむりたくなるような酷たらしい事件や戦争ものはだめだけれど、例えば松本清張の『日本の黒い霧』のような、未解決事件の「真相はきっとこうだろう」「実は事件の背後にこんな陰謀が」的な話には吸い寄せられる。このへん、ゴシップ好きなのかミーハーなのか、すでに遠い過去になった有名な事件の真相を掘り起こすもの、虚構をブレンドできる余地のあるものには興味がある。

中でもやっぱり、「三億円事件」と「グリコ森永事件」だ。

三億円事件は昭和43年、白バイ警官に扮した犯人が現金輸送車を強奪した窃盗事件で、グリコ森永事件は昭和59年、「かい人21面相」を名乗る犯人グループが食品会社の社長を誘拐、その後、店頭の商品に毒物を混入したりして複数の企業を恐喝した事件だ。どちらもすでに時効を迎え、未解決のまま迷宮入りした。

このふたつの事件については、フィクション、ノンフィクションあわせてかなりの数の本が出版されている。一橋文哉の『三億円事件』『闇に消えた怪人 グリコ森永事件の真相』は、高校生だった刊行当時に買って読んだ。怖かったけれど、でもすごく面白かった。髙村薫の『レディ・ジョーカー』も夢中になって読んだ。最高だ。

で、最近。本屋に行ったら、グリコ森永事件に関する新しい本が平台に積まれていた。お、と立ち止まった。欲しい。読みたい。いつもならこの手の本は無条件で買う。値段を見ずに買う。でもそのとき手を出せなかったのは、その表紙のカバーが、あまりにも怖かったからである。

キツネ目の男が怖い。

三億円事件の、白バイ警官に扮装したモンタージュの男はそれほど怖くないのだけれど、キツネ目の男だけはどうしても怖い。生理的に受けつけない。似顔絵がちょっとリアル過ぎる（リアルじゃなければ意味がないのだが……）。なんかこう、電車に乗ったら隣で吊革につかまっていそうな、普通にそのへんにいそうな感じが怖い。どこかのトイレでおしっこをしていたら、背後の個室からガチャッと出てきそうだ。

ただでさえ怖いのに、そのカバーは、平面的な似顔絵が闇の中に潜んでいるかのようにデザインされていて余計に怖かった。深夜、誰もいないはずの部屋で、電気のスイッチをつけようとしたら目の前にぬっと現れる、そんな感じ。おおおぉ、想像しただけで寒気がする。

この本を読みたい。でもこの顔のカバーを手にとるのが怖い。その顔に触れた瞬間、不吉なものが指先から皮膚を通して血管をめぐり、身体中に染み込んできそうで怖い。

みんな、平気なのだろうか。キツネ目の男の顔をためらいなくひょいと手にとれるのだろうか。店員さんは何も感じずにこの本を並べたのだろうか。バイトの女の子は、その美しいネイルで飾られた細い指先が、例えばキツネ目の男の唇のあたりに触れたとして、ひえぇぇ！となららないのだろうか。

中身が読みたいのに怖くて本が手にとれない、というのは初めてだった。

でもいつまでもそんな子どもみたいなことを言っていないで、勇気を出して、この夏、肝試し感覚で買ってみよう。表紙のカバーは、所詮、カバーだ。買ったらすぐに外してしまえばいいのだ。

ただひとつ心配なことがある。もしカバーを外したとき、本体がキツネ目の男の顔の全面プリントだったらどうしよう。
本を持てない。さすがにそれじゃ読めない。

本棚、マイワールド

仕事場に借りている建物の別のフロアを、今、友人の建築家にお願いして、本棚のある読書部屋にリノベしている。

そしてそれがようやく完成に近づいている。

嬉しい。めちゃくちゃ嬉しい。

嬉しさ余ってネットでソファを買った。勢い止まらずオットマンも、さらにはクッションまで買い足した。ふかふかのソファに身を沈め、足を伸ばし、お茶でもずずっと啜りながら、好きな本を好きなときに好きなだけ読める環境をようやく手に入れる（予定だ）。

先日、ソファの搬入の下見にやって来た配送会社の担当者さんから、

「うーん、ドアの幅がちょっと微妙かもしれないですね……」と搬入経路の難点を指摘されたが、耳をふさぎ、聞かなかったことにした。まあ、なんとかなるだろう。

現状、すでに部屋の四方の壁のうちの三面には、本棚の側板にあたる長い板が天井から床まで等間隔に固定されている。あとは金物の取り付けと棚板の設置を残すのみだ。

もう一度書く。嬉しい。

でもただ本棚が完成しただけではいけない。そこに本がなければ、それは本棚ではなくただの棚だ。

自宅と実家から本を運び込むために、レンタカー屋でハイエースを予約した。読書部屋は三階なので、とりあえず一階の事務所にすべての本を集め、それから時間をかけて三階に運び込もうという計画だ。心配なのはハイエースの運転だが、まあ、こちらもなんとかなるだろう。

本棚が完成したらどんなふうに本を並べようか。

それを考えるのは楽しい。そして悩ましい。それは例えば、野球ファンが自分だけのベストナインを考えるときの悩ましさと同じだ。好きなバンドのライブの理想のセットリストを考える悩ましさと同じだ。

自分の好きなものなんて、本人以外にとってはどうでもいい。「好き」という感情は、いつだって個人的なものだ。どうでもいいから、自分ひとりでどうにでもできる。勝手に悩み勝手に味わい勝手に感動してよい。だから楽しい。まさにマイワールド。

で、ずっと考えているのだけれど、その並べ方の方針がまだ決まらない。ちょっと聞いてください。

候補① 一般的な書店を真似て並べる。

「普通の本屋さんならどう並べるか」と考えて並び方を決める。文芸、雑誌、実用書や専門書などに分類し、さらに細かくジャンル分けして並べる。文庫は文庫。新書は新書。マンガはマンガ。どうせなら、新刊本や新しく買った本は入り口のそばに置きたい。本屋さんだったらきっとここにこう並べるな、と想像するのは容易だ。平台まで買ってしまいそうだ。

候補② 好みや愛着によって一軍、二軍、三軍に分類する。

「好き」のレベルで本を分ける。例えば、「かなり好きな本」「まあまあ好きな本」「それ以外の本」に分類し、好きの度合いによって、目立つ場所、手を伸ばしやすい場所、湿気がなく風通しがいい場所、そういった条件のいい場所に優先的に並べる。おそらく本棚の真ん中あたりがオールスターチームのようになる。でも、これはたぶん選別にひどく時間がかかる。それに「好き」の比較も意外と難しそうだ。「この本を一軍にするなら、こっちの本も一軍に上げないとちょっと角が立ちませんか?」とか、「この本が一軍に上がれるのにこの本が二軍のままなんて失礼ですよ」といった、ちょっとよくわからない忖度が生じるかもしれない。「まじでごめん！」と三軍の本に頭を下げたり、「お前、もうちょっと頑張れよな」と二軍の本の裏表紙を叩いて叱咤激励したりしそうだ。なんて暇人なんだ。

候補③　素直にジャンル別に並べる。

書店の並べ方に近いが、それよりももっと図書館に近い感覚で、ひたすら分類で区別し整理していく。論理的秩序の下、いたって冷静に、大分別↓中分別↓小分別と、どんどん細かく分けていく。「芸術」↓「絵画」↓「西洋」↓「印象派」↓「モネ」みたいに。これは実用書や専門書がいちばん探しやすいやり方だ。たいして何も考えずに機械的に分類できるので作業が早く済みそうだが、愛着や好みの濃淡で差をつけられないので、ちょっとつまらない気もする。

候補④　ひたすら著者別に並べる。

本は、「どんな本が好きか」ということよりも「誰の本が好きか」ということのほうが大事だったりする。ジャンルを無視して、徹底的に著者別あいうえお順、というのもありだ。日本人も外国人も関係ない。とにかく本を書いた人の名前で「あ」から「わ」まで並べる。でもこれをやると、たぶん見た目がごちゃごちゃになる。そして共著とか複数の作家のアンソロジーとか、どこに置くか頭を抱えることになるだろう。

候補⑤　色別に並べる。

いっそのこと発想を大きく変えて、本の背の色だけで分別するというのも面白い。白、黒、赤、青、とにかくカバーの色でまとまりを作る。しかし何も考えないでそれをやると、結果、レインボーな棚になって、安直な見た目にがっかりするだろう。デザイン的なセンスが問われる。この作業のためだけに配色の本を買っちゃいそうだ。そして、確実に本を探しづらい。現実的ではない。ただ、カバーを外した文庫本だけを並べる淡褐色の棚はきっと美しいと思う。

候補⑥　背の順。

小学校か。

と、いろいろ考えてはみるものの、答えがなかなか見つからない。やっぱり本棚が完成してから、実際に本を並べてみないと決められない。

このあいだ、とある古本屋に久しぶりに行った。

店に入った瞬間、あれ？ と思った。店内の構成が以前と変わった感じがした。

でもよく見ると棚のレイアウトは変わらないし、それぞれの棚の中身も前と同じものが並んでいる。何だろうこの妙な感じ、としばらく店内を歩いてみて、ようやく気がついた。

違和感の正体は、入口から見える位置にある新書コーナーだった。新書はどの書店でも通常、出版社別やレーベル別で並べられている。岩波新書、講談社現代新書、ちくまプリマー新書、中公新書、みたいに。レーベルごとにカバーのデザインが統一されているから、同じ背表紙がずらっと並び、棚の見た目はきれいに色分けされる。本を探すときは、メジャーなレーベルのものならその背の色やデザインでまずシリーズを識別し、通し番号や著者名をたどるだけで目当てのものがすぐに見つかるようになっている。

ところがその店の新書コーナーの棚は、並べ方がレーベル別からジャンル別にリニューアルされていた。どの新書シリーズか、ではなく、「政治」「歴史」「スポーツ」「健康」みたいな感じで、それが何についての本か、という内容が優先されていた。

新書コーナーの最大の特徴である色彩的統一が失われた棚は、ひどくごちゃごちゃしていた。目当ての本を見つけようと棚の前に立ってみたものの、週末のショッピングモールのフードコートで知り合いの子どもを探すみたいでうんざりし、断念した。

お洒落な雰囲気の本屋が、「料理」とか「建築」とか「アート」とか、版型やシリーズに関係なく、ジャンルのみで分類して本を並べるのはよく見かける。それはセレクトショップみたいで個性があって楽しいと思う。既成の秩序にしばられず、店の個性によって改めて定義づけされた本の並びには、意外な発見、それまで気づかなかった再発見があって面白い。

でも、普通の古本屋が、それも新書コーナーだけ、そんなふうにお洒落な本屋を真似るのはどうだろう。

もしも「明治以降の近代日本の政治と経済について語ったお笑い芸人の本」があったとして、それを探すとしたら、それは「歴史」の棚か、「政治」の棚か、「経済」の棚か、それとも「芸能・タレント」の棚か。

この店の新書コーナーのリニューアルはきっと不評だと思う。そのうち元のレーベル別に戻すんじゃないかと踏んでいる。他山の石としたい。

続　本棚、マイワールド

読書部屋が完成した。

いいや、まだすべての棚に本を並べ終えたわけではないから完成とはいえないかもしれない。それでもひとまず本棚の工事は終わった。憧れの書庫ができあがった。

ソファも届いた（無事搬入できた）。窓には新品のブラインドが下がり、エアコンも設置された。より快適な空間作りのために、音楽を聴くためのスピーカーも買った。時計も観葉植物も、インテリアのアクセントになる抽象画のポスターも、お客さま用スリッパも買った。今はひたすら、来月のクレジットカードの引き落としが怖い。

浮かれている。これだけ浮かれていれば、本を並べるのが楽しくてしょうがない、となりそうなものだけれど、本棚の完成から二週間以上が経過しようとしているのに、まだ半分も並べ終えていない。

本は重かった。こんなに重いとは思わなかった。

読書部屋は三階にある。本を運ぶには、階段を上らなければいけない。はじめは、とりあえず積み上げられるだけ本を積み上げて、その底を両手で支え、てっぺんをあごで抑えるような持ち方で、よっこらしょと運んでいたのだけれど、この方法だと一度で二十冊くらいが限界だった。

こんなんじゃいくら時間があっても足りないと気づき、途中から、紙袋より耐久性のある不織布のエコバッグに本を詰めて持ち運ぶことにした。ひとつのバッグに約十五冊、それを五袋持てば、一度の階段の上り下りで七十から八十冊くらいは運べる。おお、このやり方はいい、素晴らしい。自分、天才じゃないかと自画自賛して、何度か繰り返してみた。調子に乗っておりゃああと階段を駆け上ったりもしてみた。

身体が痛くなった。

千冊を超えたあたりで、腰がふらふら、膝ががくがくして、息も切れ、やる気が失せた。

それでも、千冊近くは運び込んだ。運び込めば、当然次は「並べる」という作業が待っている。並べ方の結論は、結局こうなった。

まずは文芸だけ、著者あいうえお順に並べる。

本の搬入をはじめるとき、最初は好きなジャンルの本から運び込もうと決めた。そうすると僕にとってそれは、小説、戯曲、脚本、エッセイといった文芸の本だった。ただし一冊一冊にランクづけをしたり、好きな本、好きな作家だけを選別するのは面倒でしかたなく、やはり著者別あいうえお順で並べるのがいちばん自然だった。

手当たり次第に袋に詰めて運んだ本を、ひたすら五十音のグループにまとめて棚に並べていく。

（「あ」―浅田次郎だけでいきなり棚板を二枚も占領してしまった）

（「え」「お」―遠藤周作と円地文子に加えて大江健三郎だなんて、ここは本と棚板の隙間を眼鏡置きスペースにしたいくらいだ）

（「く」―倉本聰と黒岩重吾の並びなんて渋いね）

（「た」―ん、なんで『人間失格』が四冊もあるんだ？）

（「ほ」―穂村弘と堀江敏幸。ここだけ妙にお洒落っぽく見える）

（「ま」―松本清張の隣に町田康！ 絶妙に濃厚な組合せだ）

（「み」「む」―宮沢章夫と向田邦子のタッグなんて今まで考えもしなかったけれど、すこぶるいいぞこれ！）

（「や」―山田詠美、山崎豊子、山崎ナオコーラが並ぶこのあたりはまさに山脈。いずれ山田太一、山本周五郎、山内マリコもここに）

（「ゆ」「よ」―湯本香樹実の『夏の庭』の隣に横溝正史の『獄門島』がくるとか、ギャップが激し過ぎて吐きそうだ）

隣り合う著者の組み合わせや並びの妙が新鮮で、いちいち楽しい。

というわけで、すべての本を収納するという点ではまだまだ未完成ではあるけれど、とりあえず文芸の本が「あ」から「わ」まで、今、目の前に並んでいる。ずらっと、かなりきれいに並んでいる。

ソファに横になってそれを眺めながら、ああ、整理整頓っていいなあ、とつくづく思った。本が探しやすいし、見つけやすい。まるで自分のための、自分好みの図書館がオープンしたようなものだ。これでもう同じ本を何冊もだぶって買ってしまう愚行は犯さないだろう。

何より本棚を作ってよかったと実感するのは、自分がこれまでに読んだ本を、ひとつの風景として一望できるというところにある。

本棚を見つめることとは、自分を見つめることだ。

たとえ内容は記憶から失われていたとしても、目の前の本の一冊一冊、その一段落、一行、一句が、きっと自分という人間の成分となって、今の自分を作っている。眺めていると、改めて鏡を見ているような、それも目に見えない部分を覗ける鏡を見ているような、そんな気になる。

さて、これからまたゆっくりと本を運び込み、この書庫を完成させていこうと思う。

今、ひとつ気になっているのは日当たりだ。

窓から遠い「あ」は薄暗く陰気で、窓に近い「わ」は日差しを浴びて背表紙が眩しく光り輝いている。なんだか不公平じゃないか。これじゃ「あ」の作家さんたちが可哀想だと不憫に思ったり、いや、でもこれ、このままだと夏の直射日光で大切な綿矢りさが日焼けしちゃうんじゃないかと心配になったり。

どうでもいいかもしれない。でもどうでもいいものをどうでもいいと言い切れないのが、「好き」の問題なのです。

待ち合わせ

待ち合わせが好きだ。

あらかじめ時間と場所を決めて人と落ち合う。それぞれ別々の場所で別々の人生を過ごしている者同士が、そのとき、その場所で、約束通りに顔を合わせる。そのことに、ちょっとドラマチックなものを感じる。ロマンチックでさえある。相手に好意をもっていたらなおさらだ。

約束の二、三分前に着くように時間を確かめながら指定の場所に行く。できれば人通りの多い賑やかなところがいい。駅前とか、公園とか、お店の中とか、コンビニとか。人を待つのは苦ではない。むしろ待たれるよりは待ちたいタイプだ。

外であれば、空を見上げたり、目の前の通行人を眺めたり、音楽を聴いたりしながら、ガードレールやベンチに腰を落ち着けて人を待つ。飲食店であれば、スマホをいじったりメニューをめくったり、あるいは先に飲みものだけ注文したりして待つ。相手が時間に遅れても平気なように、だいたいいつもバッグやコートのポケットに文庫本を一冊しのばせる。約束の時刻を過ぎたら、おもむろにそれを取り出して、開く。本を読んでいれば、五分、十分、三十分でも平気で待てる。

「ごめん、待った？」

声をかけられたら、顔を上げて本をしまう。

「ううん、全然」

「何読んでたの？」

そう訊かれれば、会話のはじまりに困ることもない。

本は待ち合わせにちょうどいい。

子どもの頃、家族で外食をするときの待ち合わせ場所はたいてい本屋だったと記憶している。

両親と僕の三人、そろって家から一緒に出かけるより、約束の時間をあらかじめ決めて、それぞれ別々に行動をしてから本屋で集合、というパターンのほうが多かった。

街でいちばん賑わう交差点の角に、そのお店はあった。場所がいい分、面積はそれほど大きくはなく、売り場で父と母の姿を見つけるのはかんたんだった。

父に声をかけると、よく「何か欲しいのあるか?」と訊かれた。『ドラゴンボール』も『スラムダンク』も『こち亀』も、当時集めていたマンガの半分くらいはそのお店で買ってもらったはずだ。

父の選んだ本とお金を預かって、僕がレジで支払いをすることもあった。「上様で領収書をもらう」ということを、僕はその店でおぼえた。

大学生になって親元を離れ上京し、利用する機会は減ってしまったけれど、たまに帰省するとき、友達との待ち合わせで使うのはやっぱりその本屋だった。

地元の友達の中には遅刻の常習犯もいたので、本屋は都合がよかった。本を立ち読みしていればいくらでも時間がつぶせた。そのあとでご飯を食べたりお酒を飲んだりする場合、まだ店が決まっていなければ最新のタウン情報誌をめくって選ぶことができたし、地図も確認できた（当時はスマホのない時代だった）。トイレだって済ませられた。

地元でまた生活するようになってからも、そのお店は僕にとって待ち合わせ場所の定番であり続けた。そういえば妻との最初のデートの待ち合わせも、その本屋だった。

店内に足を踏み入れた回数に比べると、実際に本を買った回数は少ない。というか、これから食べたり飲んだり遊んだりするのだから、本を買うとむしろそれが邪魔になる。本は重い。かさばる。酔っ払ってどこかに忘れて帰る可能性もある。遊びに行く前に財布の中の現金を減らしたくないというのもあった。どんな目的であれお店を利用するからには何かしらの買物をする、みたいな（コンビニのトイレを借りたらペットボトルの一本くらいは買って出る的な）配慮までは思い至らなかった。

そういう人は、きっと僕だけではなかった。あの本屋を待ち合わせに使う人はたくさんいた。そしてあるとき、そのお店は閉店した。

店内のレイアウトは今もよくおぼえている。案内図だって描ける。入口は四カ所。大通りに面した一階のフロアには雑誌、新刊本、文芸、実用書がコンパクトにまとめられ、奥に文庫、さらにその奥に児童書があった。レジは中央と奥に二カ所あった。コミックスは確か二階で（かつてはもっと上の階にあった）、階段の踊り場にタイル張りの狭いトイレがあった。

懐かしい。冬の寒い日、店に入ると暖房が効いていて、いつも眼鏡がくもった。逆に夏はすこぶる涼しくて、汗が一気に引いていった。用もないのにその涼しさのためだけに売場を通り抜けることもあった。悪いことしたなと今になってちょっと思う。

そんなことを思い出すのは、今夜、待ち合わせの約束があるからだ。

約束の場所は、駅のそばの本屋の一階。雑誌コーナーのあたり。帰りのタクシー代をキープしておきたいので、たぶん本は買いません。

ごめんなさい。

文庫になりたい

年末の大掃除で、いろんな場所から本が出てきた。ベッドと壁の隙間から、最近どうも閉まりが悪いと感じていた机の引き出しの奥から、洗濯機の裏側から、車の運転席のシートの下から。え、こんなところからも？　というような場所からも、本は出てくる。出てくるのはたいてい、カバーのない文庫本だ。文庫本は小さく、薄い。あの薄茶というか白茶というか、彩度の低い、からからに乾いた枯葉のような淡い色は、日常生活において限りなく保護色に近く、視界に入ってもその存在に気づかないことがある。

夜、本を読んでいるうちにいつのまにか寝入ってしまい、寝返りをうった拍子にベッドから本が落ちる。

文庫本は軽いので、床に落ちたときの音も軽く、熟睡しているとまったく気づかない。面白い本であれば続きを読むときに救出されるけれど、そうでない本は朝になれば忘却の彼方、最初の数ページを読んだことさえ忘れられたりする。

「あ、君、ここにいたのか！」

「どうして今まで気づいてくれなかったんですか」

「ごめんごめん」

「探してもくれなかったじゃないですか。泣きましたよ」

「ごめんごめん」

恋愛小説などで失恋した主人公がよく未練たらたらに口にするフレーズだが、「忘れられる」ことは「存在しない」こととほとんど同じである。さびしく、そして哀しい。人間とは、そのさびしさと哀しさを生まれながらに抱える生きものだ。

思えば、本を書くという行為は、「自分の存在が消えてなくなっても、生きた証をこの世に残したい」と願うことにとてもよく似ている。似ているどころかそれが本質であるような気さえする。

唐突だけれど、だから文庫に憧れる。

文庫になりたい。

文庫本というのは、読む側にとっては、安くていいね、軽くていいね、持ち運びがしやすくていいね、くらいの感覚の、ただの「小さな本」でしかないかもしれない。

でも、ものを書く側にとっては、自分の作品が認められ、居場所を与えられる、そんな「生きた証がこの世に残る」性質のものではないだろうか。自分の本が文庫化されたことがないから実際のところはわからないけれど、初版ポッキリで消え去った作品に文庫化のオファーが届いたら、書き手は誰だって嬉しいだろう。

思いつくまま列挙するだけでも、新潮文庫、角川文庫、集英社文庫、講談社文庫、文春文庫、中公文庫、光文社文庫、河出文庫、ちくま文庫、幻冬舎文庫、岩波文庫――などなど、文庫のレーベルはけっこうたくさんある。ひとつの出版社で複数のレーベルを展開していることもあるし、ＳＦや推理小説が中心のハヤカワ文庫のように、特定のジャンルだけで展開しているシリーズもある。

本が好きな人ならば、右に挙げたどの文庫も具体的なイメージがぱっと思い浮かぶはずだ。デザインの雰囲気、本文の読みやすさ、好きな作家がラインナップされているか否かなど、人それぞれに好みがある。

僕はどちらかというと、カバーを外したときにクラシカルなデザインのもの、行間にゆとりがあって、天地左右の余白が広くとられ、読みやすいものが好きだ。

僕が文庫本を買うようになったのは高校生のときで、特に大手のレーベルの夏のフェアが好きだった。毎年、本屋でそのはじまりを目にするたびに夏の訪れを感じた。今でも新潮文庫のイエロー、角川文庫のグリーン、集英社文庫のブルーの配色は、僕にとっては「初夏の色彩」である。

フェアがはじまると無料の小冊子を持ち帰り、本よりもむしろそっちを熟読した。読者プレゼントのキャンペーンにも何度か応募した。新潮文庫のYonda?パンダのグッズがお気に入りだった。

文庫には、憧れる理由がもうひとつある。

レーベルごとに本のデザインが統一されているので、大手出版社から文庫化されるということは、すなわち、自分の作品が尊敬する大作家先生と同じ体裁、同じ仕様で本にしてもらえる、ということでもある。そういう、ちょっとミーハーっぽいワクワク感が文庫にはある。

それにもし「川端康子」という作家さんがいたとして、その人の作品が文庫化された場合、彼女の作風がいかなるものであれ、本屋のあいうえお順の棚ではおそらく川端康成と肩を並べるのである。文庫化と同時にペンネームを「三島由紀」とあざとく狙って改名すれば、なんと三島由紀夫と並ぶのである。

あとからいたたまれない気持ちになって後悔するかもしれないけれど、これはけっこうすごいことだ。（ただし、日本の作家が「フランツ寡婦男」などと改名しても、フランツ・カフカと並ぶことはない。文庫レーベルの多くは国内と海外をあらかじめ分別している。エドガー・アラン・ポーと江戸川乱歩はたいていてい離れた場所にある。）

まあそのへんのことはともかく、文庫に憧れる。

いつか自分の本が文庫になったらいいな。そんなことを夢想しながら、ときどき文庫新刊コーナーで立ち止まり、本に巻かれた帯の「文庫化」の三文字に羨望の眼差しを向けている。

さて、新年早々、仕事の会議があった。

今年もよろしくお願いします、と挨拶を交わしていると、会議に参加していた年下の青年が、「藤田さん、あの……これ、長いことお借りしていてすみません」と、ずっと前に貸した本を返してくれた。

きっと僕と同じで、年末に部屋の掃除をしていたら出てきたのだろう。

(あ、やばい、これ借りパクするとこだった)と思ったのだろう。

あ、どもども、と受け取り、会議が終わって自分の事務所に帰ってから、そういやこんな本あったなあ、とその本を何気なくぱらぱらめくっていたら、真ん中あたりのページに映画の半券を見つけた。アメリカのSFアドベンチャー映画で、平日のレイトショーだった。

へえ、この映画、観に行ったんだ。

そう思った瞬間、映画館のシートに座っている彼の姿が目に浮かんだ。

誰と観に行ったのかな。平日の夜だから仕事帰りだろう。ひとりで行ったのかな。いや、最近彼女ができたと聞いたからその彼女さんとかな。彼女じゃない別の女の子とこっそり観に行っていたらそれはそれで面白いな。そして彼女のほうも偶然、別の男とその映画を観に行っていて、映画館の暗がりの中、すぐ近くにいるのにお互い気づかない、なんてシーンがあったらもっと面白いな。そのとき彼の手にはこの本があったかもしれない。上映後、通路でうっかり落として、それを恋人の彼女が拾ったかもしれない。そして「あ、これ落ちましたよ」「あ、どうも……え」「……えっ」なんてよくあるドラマみたいな――

本を本棚に戻しながら、勝手に妄想した。ほんの十数秒の、ＣＭサイズの短い物語が生まれた。いつかこのシーンを何かの仕事で使おう。

やっぱり本は、この世に何かを残してくれる。

図書券の思い出

ときどき図書カードをもらう。

僕が、ではなく、子どもたちが、である。

親戚や友人知人の子どもの誕生日、クリスマス、あるいは入学、進学、進級のお祝いなどに、図書カードをプレゼントする大人は少なくない。

「ぜひ本を読んでほしい」とは思わなくても、子どもの喜ぶものがさっぱりわからない、でも現金を渡すのはちょっと生々しすぎる、かといってギフト券みたいなものでは味気ない、そういうときに、図書カードはうってつけだ。

去年の夏、我が家に夏休みの町内ラジオ体操の当番が回ってきたとき、参加児童に配布する景品として僕が選んだのも図書カードだった（ちなみにそれ以前も毎年図書カードで、他の自治会も図書カードのところが多かった）。

最終日、子どもたちひとりひとりに手渡しながら、（でもこの子たちの中には本にまったく興味のない子もいるから、きっと何人かはこの図書カード、使わずにどこかになくしてしまうだろうな……もったいないな）と思ったりもしたが、やっぱりこういうとき図書カードは便利だ。ほのかに教育的で健全な匂いがするし、これならば誰も文句を言わないだろう、という安心感もある。

僕が子どものとき、それは図書カードではなく、図書券だった。清少納言や紫式部を連想させる絵柄の、あの薄桃色の５００円券が懐かしい。差額があるときはおつりが出るので、なかには安いコミック雑誌や文具を買い、おつりをちゃっかり小遣いに「換金」する者もいたらしいが、僕は普通に本が好きなので、普通に本に使った。

本好きにとって、好きな本を自由に買える「本のチケット」は何よりも嬉しい。

誕生日か何かに親戚から図書券をもらったときのことを、今もよくおぼえている。

五千円分の図書券。

通常それは、500円券×十枚でワンセットになっている。でもそのときはそうではなかった。

100円券×五十枚。

500円券×十枚と額面は同じでも、もらったときの高揚感がまるで違った。五十枚というのはかなり厚みがある。その弾力を指先に感じながら、ものすごくリッチな気分になれた。ちょっとした札束だった。

これは素敵な演出だと、ユーモアというのはきっとこういうことだと、子どもながらに感じた。いつか自分が大人になって、誰かに何かをプレゼントするとき、大事なのは商品そのものの価値じゃない、こういう気持ちをプレゼントすることだ。そう思った。

ネットで調べると、「全国共通図書券」の発行は二〇〇五年で終了していた。１００円券は一九九五年までだった。

あの小さな喜びを味わうことができたのは、どうやら僕らと、その前後の世代までだったらしい。図書券の思い出である。

本はさりげなく買いたい

よく立ち寄る本屋にセルフレジが導入されてから、ずいぶん経つ。

本屋に限らず、レジの向こう側に立っている店員さんとのコミュニケーションが苦手なので、この仕組みはとてもありがたい。

「ポイントカードはよろしいですか?」「貯まっているポイントはお使いになりますか?」「カバーはおかけしますか?」「レジ袋はご利用になりますか?」「駐車券のご利用はありますか?」「カードのお支払回数は?」

それらの質問に対して、

「あります。カード払いでお願いします」「いえ貯めてください」「結構です」「いらないです」「ないです。あ、ありますあります」「えと、一回で」

と返答するあのやりとりだけでも、実は少し緊張している。

すらすら返答できずにどもってしまったとき、あまりに声が小さくて、「えっ?」と店員さんに聞き返されたとき、「いらないです」と言ったのに本をレジ袋に入れられたときなど、「ああ、自分はこんな会話もろくにできない人間なのか……」と自己嫌悪に陥ってしまう。

だから、セルフレジが設置されたときは嬉しかった。

ハンドスキャナーもしくは機械の読み取り部分に本のバーコードをかざし、ピッとやるだけ。あとは現金を投入するかクレジットカードを読み込ませれば瞬時に会計が済む。そこに人間同士の心温まるコミュニケーションはないが、そのかわり、コミュニケーションで失敗することもない。

でも、これが案外、やってみるとけっこう神経を使う。

雑誌はバーコードがひとつなのでスムーズに終わるのだけれど、一般的な書籍の場合、バーコードはひとつではなく、上下にふたつ並べられている。これを、ピッ、ピッ、と両方読み取らないといけない。

リズム感が悪いのか、しばしばこうなる。

「ピッ、ピピーッ。読み込めません」

もう一回やってみる。

「ピッ、ピッ、ピピーッ。読み込めません」

かなり恥ずかしい。後ろで列を作っているお客さんの視線が気になってしかたない。「この人、バーコードもまともに読み込めないとかまじで?・」と白い目で見られているような気がする。しかも丁寧にやり直そうとすると腰が引けて、畏れ多くもバーコードリーダー閣下に書籍を献上する、みたいな姿勢になって、情けないことこの上ない。

その店のセルフレジの導入から少し経って、今度は例の法改正で、レジ袋が有料化された。

本をさりげなく買ってさりげなく帰りたい僕にとっては、買った本をそのまま手に持って、あるいは小脇に抱えて店を出るそのスタイルはとてもいいと思った。さっと買い、風のようにさっと帰る。風流だ。

ただ、本を一冊買ったあと、別の本の買い忘れや探し忘れに気づいて、売場に戻ることがよくある。その場合、困った問題が生じる。すでに買った本とまだ買っていない本を同時に手に持つことになるのだ。

そこにはあらぬ誤解を招く危険性がある。つい必要以上に周囲を気にしてしまう。なんとなくきょろきょろしたり、うっかり防犯カメラを探したり、まるで不審者のような行動を自らとってしまう。

苦肉の策として、本を持つ両手のキャラクターを一人二役で使い分け、右手は「この本もう買ったぜ感」、左手は「この本これから買うのよ感」を必死に演じてみたりするのだが、当然、自分以外の人間にはまったく伝わらない。

「買った本にはね、レシートを挟んでおけばいいんだよ」

確かにその通りだ。

「どうせ3円とか5円とかそんなもんなんだから、心配だったらレジ袋をケチらず買えばいいじゃない」

確かにそうだ。

でも、尻のポケットにしまった財布からわざわざレシートを取り出したり、もう一度レジに戻ってレジ袋だけを買い求めるのは、あまりスマートではない気がするのだ。

本はさりげなく買って、さりげなく帰りたい。

自意識過剰とその無意味さを自覚しつつ、なぜか本屋では、本を買うときくらいは、少し風流な自分でいたい。

その生理現象のために

このエッセイのテーマは「本」だ。

本にまつわる話題を綴ってほしい、という依頼を受けて書いている。本についてというくらいだから、そのオーダーには、ぜひともインテリジェントな内容を、という発注者の意図が含まれているように思う。知的好奇心が刺激されるような、人生における新しい発見が待っているような。期待に応えたいと思った。でも書けない。どうしても書けない。頭を抱えて考えた。そして思った。

もっと本に囲まれよう。本の世界に飛び込もう。

具体的な行動として、本屋に行った。

行ってみてわかった。本屋は素晴らしい。何が素晴らしいって、とても涼しかった。

その日は気温三十五度を超える猛暑日だった。知的好奇心とか人生における新しい発見とか、そういうのは暑さで頭が朦朧としてつい思考が鈍りうっかり意識が高くなってしまっただけであって、僕はただ涼しいところに行きたかったのだ。我ながらなんてまわりくどいやつだろう。

とりあえずいつものように新刊をチェックし、それから雑誌コーナーを歩いた。気になる雑誌をいくつか立ち読みして棚に戻し、さて文庫でも見に行こうとまた歩き出したとき、下腹部にもやっとしたものを感じた。

おっと、またか。

そう思うと同時に、今回の原稿のテーマが浮かんだ。

これだ。本にまつわる不思議。永遠のミステリー。

本屋に行くと、急にトイレに行きたくなるのはなぜだろう。

昔から本屋に行くと何回かに一度はきまってお腹の調子が悪くなった。

大型書店でも商店街の小さな本屋でも古本屋でも、どこでも。
でも、こんなのは自分だけかと思っていた。だから家に帰ってネットで
検索してびっくりした。
青木まりこ現象。
ちゃんと名前がついていた。しかもウィキペディアでは、
《青木まりこ現象（あおきまりこげんしょう）とは、書店に足を運んだ
際に突如こみあげる便意である》
と、読んでいて恥ずかしくなるほど明確にその言葉の意味が定義され、
驚くほど詳細に、相当な文字数でもって、この現象についての仮説がまと
められていた。
本のインクや紙に含まれる化学物質が便意を誘発するという説、立ち読
みの姿勢や本を探す視線の動きが腸の蠕動運動を促すという説、他にも、
大量の活字を目にして精神が変調をきたすという説やクーラーの効きすぎ
説など、とにかくたくさんの仮説が並んでいて、なかにはトイレットペー

パーの需要を高めるために仕組まれた製紙業界の陰謀ではないかという説までである。

自分だけの問題ではなかった。それどころかある調査によると、日本人の四人にひとりはこの《突如こみあげる便意》を経験しているという。むちゃくちゃメジャーな現象じゃないか。

本屋に行くとなぜ急にお腹の具合が悪くなるのだろう。不思議ではあるけれど、それについて今、ここで何かしらの個人的な見解を述べるつもりはない。というか何の考えもない。そもそも問題なのはそこじゃない。

問題は、その本屋にトイレがあるかどうか、である。

清潔なトイレがある本屋が好きだ。

清掃が行き届いていて、それなりに広くて、当然のように温水洗浄便座が完備されているお店で安心して本を選びたい。男性トイレは偶数階フロアのみ、とかではなく、全館全フロアに、それもわかりやすい場所にあるとなお嬉しい。

もちろん、トイレの有無に関係なく素敵な本屋はたくさんある。でも、もしこれから新規で書店を開業しようと考えている人が目の前にいたら、ぜひ言わせてほしい。

どうか、清潔で快適で、思わず駆け込みたくなるトイレを、売場作り、棚作りと同じパッションでご検討いただけると幸いです！

「あの本屋はトイレが素敵だよね」
「わかる、あのトイレは最高だよ」
「トイレならあの本屋でしょう！」

そういった会話をあまり聞いたことがないので、そのジャンルはまだ、ブルーオーシャンな気がします。

本の顔

本を読むときは、基本、表紙のカバーを外すタイプだ。カバーをかけたままだと、本体とカバーのあいだに微妙な隙間ができてパコパコしたり、読んでいるときにカバーがずれて本が落ちそうになったり、どうも気になってしまう。読書中、気が散ることはできるだけ避けたい。指先に余計なストレスを与えたくない。

だから市販のブックカバーにもあまり興味がない。本屋のレジで無料でかけてくれるあれも、

「カバーおかけしますか?」

「いえ、結構です」

といつも断っている。

これまでは、外した表紙カバーをそのままどこかになくしても、まあ別にいいや、と思っていたし、むしろ本はカバーがない状態で本棚に並べるほうがカッコいいとさえ考えていた。同じシリーズのマンガが本棚にずらっと並んでいて、そのうち一冊だけカバーが見つからないために、他のすべての巻のカバーを外したこともあった。

カバーとは、僕にとってその程度のものでしかなかった。

でも自分の本を出すようになって、カバーに対する意識が変わった。

カバーは本の顔だ。

そしてたいてい人は、その顔の第一印象で好き嫌いを判断する。人間であっても、本であっても。

自分の作品というのはやはり特別なものである。できるだけ多くの人に手にとってもらいたいし、なるべくよい印象を持ってもらいたい。そのために、できることなら見た目を美しくきれいに仕上げてやりたい。

カバー、大事。めっちゃ大事。そう思うようになった。

というわけでこのところ、本のカバーが気になってしかたない。表紙を鑑賞するためだけに本屋に足を運ぶこともある。店内を隅々まで歩いて、お気に入りのカバーを探すのだ。

カバーとひとくちに言っても、本にはいろいろなカバーがある。

写真や絵、イラストなどで内容やイメージを表現したもの、幾何学的なグラフィックや大胆な配色が特徴のもの、カラフルなもの、シックなもの、あえて書名と著者名だけのシンプルなもの、などなど。映画化された作品はその宣伝ビジュアルをそのまま使っていたりもする。

気になる本は実際に手にとって、紙の手触りやフォントの種類、特色の使用の有無まで確かめる。最近ではマットニスやグロスニス、箔押し、エンボス、厚盛り加工といった表面の特殊加工にも目がいくようになった。

思えば、カバーそのものについてはこれまでずいぶんと邪険に扱ってきたけれど、デザイン、装丁、という切り口からいえば、本を選ぶとき、僕は無意識のうちにその「見た目」にかなり影響を受けてきた。

人の顔と同じで、本にも、自分好みの顔というのがある。

たまに、ぱっと見た瞬間、

「ああ、これは絶対にいい本だ」

とわかる本がある。たまにではなく、しばしば、ある。そしてその予感はほとんど当たる。見た目の第一印象でビビッときた人は知り合ってからさらに好きになることが多いように、確信を持ってジャケ買いした本に、まずハズレはない。


ところで少し話が変わるけれど、本屋に並んでいる本には、カバーの上からさらに透明の薄いビニールのフィルムがかけられていることがある。よくマンガの単行本や写真集を包んでいるあれを、業界では「シュリンク」というらしい。

あれがどうも苦手だ。

はがしたい。でも勝手にはがしてはいけない。本の中身を確かめたい。なのに確かめられない。あのもどかしさ。はがゆさ。やるせなさ。ページをめくることはできないのに、上の部分だけがぱっかり開いていて、背表紙と小口を指で押すと、ほんのちょっとだけ中が覗けるところがまた憎たらしい。

商品保護のためにシュリンクが必要なことはもちろん理解している。本を並べる立場からすれば、ついさっきまですぐ近くのマクドナルドでポテトのL食ってました、ナゲットもバーベキューソースで五個入りのやつ食ってました、みたいな指で大切な商品をべたべた触られてはたまらないだろう。それが写真集やアート作品集のような、高級仕様のデリケートな本ならなおさらだ。

マンガの場合、文字量が少なく素早く読み終えることができるので、立ち読みだけで全巻制覇を試みるような不届き者もいる。そこまではいかなくても、雑誌の「読みたいところだけ」をさっと読んで棚に戻し、買わずに満足する、そういう人は少なくない。実際、僕もよくやる。

商品を保護したい、立ち読みを防ぎたい、その気持ちはよくわかる。

でもやっぱりもどかしい。

本を選ぶ立場からすると、どんな内容か中身を確かめられないと買いたくても買えないじゃないか、と思うし、右に書いた「本の顔」の話からしても、ビニール越しだと、それがたとえ透明であったとしても、表情がよくわからないんだよなあ、と思う。

マスク越しではひと目惚れにもためらいが生じるように、天井の蛍光灯をはじいて表面が無駄にテカテカツルツルしている本は、その魅力がダイレクトに伝わらない。商品を保護するはずが、逆に商品の価値を不当に貶めているように感じられてならない。

そこで考える。

シュリンクではない、もっと優れた商品保護、立ち読み防止の方策はないだろうか。むしろデザインの力でそれを解決できないか。

どうせなら、「なんだよ、中が見れないのかよー」とがっかりする前に、「おおおっ、そうきたか！」と思わず感心してしまうような、そんなインパクトのある方法を考案できないか。透明ビニールや紐、テープより斬新で、さらに発想が斜め上をいくもの。売場でひと目見た瞬間、その場にひれ伏して滂沱の涙を流し、「ああ、もう二度と立ち読みなんてしません。悪かった。ごめんなさい。どうか許してください。私、この本買います」と定価も確かめずに財布を開きたくなるもの。

うーん、何かいいアイディア、ないかな。

例えばこんなのはどうでしょう。

有刺鉄線。

これで本が天地左右ぐるぐる巻きになっていたら、絶対立ち読みなんてできない。手で触れると電流が流れてびりびりする仕組みだとなおよい。立ち読みは、イコール、壮絶なデスマッチ体験となる。

レスラーの自伝やプロレス雑誌がこの状態だったら間違いなく目立つ

し、ＳＮＳでも話題になる。どうだろう。ブックデザインとしてもかなり大胆なチャレンジだ。

ただ、手にとってレジに持っていくことができないかもしれない。危なくてきっと陳列もできない。それでは意味がない。

風呂と本 Ⅱ

奇跡のための犠牲

月に一度のこの連載がはじまって二年になる。

二年前の今頃は、近いうちに未知のウイルスで世界中が大混乱に陥るだなんて想像もしなかった。そんなの、それこそ本や映画の中でしか起こらない、「パニックもの」のフィクションの世界の出来事だと思っていた。

そのうち宇宙人の襲来も現実になるのではないかと心配だ。

さて、連載がはじまったとき、最初に書いたのは、風呂で本を読むことについてだった。

改めて、お風呂で本を読むのが好きだ。

入浴というのは、身体をきれいにするためではなく、いい気分で読書に没頭するための行為である。

風呂読書歴は二十年以上を数える。

これだけベテランになれば、本を濡らすことは滅多にない。追いだきボタンを押そうと腕を伸ばしたときに肘から滴が落ちるとか、冬場、冷えた指先を湯船であたためてからページをめくってちょっと紙をふやけさせてしまうといった程度だ。どちらも想定の範囲内である。

かつては本をお湯の中に落としたこともあった。その痛ましさはすでに書いたとおりだ。

一度お湯に浸かった本は、もう、以前の姿には戻れない。

小口がうねうねと激しく波打ち、ページとページが腐れ縁の男女のようにくっついて離れない。読むのをあきらめて乾くのを待ったとしても、乾いたところで干物のごときむごたらしい姿に、もう読む気は失せる。

捨てるに忍びない。かといって古本屋に買い取りを頼める状態でもない。こうなってしまっては、部屋の隅に無造作に積み上げた本の山のいちばん下にそっともぐりこませて事実上遺棄し、最初からなかったことにするしかない。

ごめんよ。

胸の内で本に謝り、その度に心に誓ってきた。

もう二度と本を風呂に落とさない。

こんな不憫な思いをさせるのは、この本が最後だ、と。

その心がけのおかげか、最近はまったく本を湯船に落とさなくなった。


で、話は変わって、つい先日。

スマホのニュースアプリで雑学系の記事を読んでいたら、画面をスクロールする指があるタイトルでぴたりと止まった。

「濡れた本をきれいに復活させる方法」

タップしてみると、それは、本をうっかり濡らしてだめにしてしまったかつての僕のような人が本を復活させるためにある方法を実践し、それを

ＳＮＳに投稿したら膨大な数の「いいね」がついたという画像付きの記事だった。

さっそく読んだ。

感動した。

びしょびしょに濡れたマンガ本が、数枚の画像を経て、最後の画像では完璧に甦っていた。いや、これ、どう見ても買い直したでしょ、と疑いたくなるくらいに、美しく復活を遂げていた。

記事の解説によると、これは「水分を含んだ原料を凍結することで水分を除去する『フリーズドライ』に近い方法」だそうだ。

濡れた状態のまま本を冷凍させ、乾燥させる。そうすると、ページの反りが解消されるだけでなく、ページをめくるときに紙がくっつくようなこともないという。

まじか。人間の知恵ってすごい。

そして思った。

本を風呂に落としたい。

さっきまでと言っていることが一八〇度違うけれど、とにかく一刻も早く、可及的速やかに本を風呂のお湯の中に突っ込んでびしょびしょに濡らしたい。ちなみにその記事とＳＮＳで紹介されていた方法は、ざっと説明するとこうだ。

（1）濡れた本を、そのままの状態でジップロックなどのプラ袋へ。
（2）袋の口を開けたまま本を垂直に立てて冷凍庫に入れる。
（3）二十四時間以上、本を凍らせる。
（4）本を冷凍庫から取り出す。
（5）平たい重いものに挟んで自然乾燥させる。

検索してみると、ほぼ同じやり方がたくさんヒットした。知らなかった。本濡らし業界ではメジャーな方法だったのか。

さて、ここで問題になるのは、どの本でチャレンジするかだ。罪のない本を故意にお湯の中に沈めるなど、はっきり言って本に対する冒涜だ。本の尊厳を著しく傷つける悪質極まる行為である。許しがたい。大切にしている本に、そんなむごたらしい仕打ちはできない。

だったら、どうでもいい本とか、読んだけどつまらなくてもう二度と読まない本でやってみればいい。二冊だぶっている本とか。

当然、そう思う。しかし考えてみると、それでは実際に本が甦ったとき、感動がいささか薄いのではないか。

聖書におけるイエスの復活は、甦るのがイエス・キリストだからこそ、意味がある。せっかくならば、奇跡の復活を祝福するにふさわしい本を選びたい。

タイトルだけで真っ先に思いついたのは、川上弘美の『溺レる』だが、芥川賞作家の作品を沈めるのはさすがに罪深い。

ああ、どの本を選ぼうか。なんだこの空しい苦悩は。

葛藤。

風邪薬としてのマンガ

先月、体調を崩した。

高熱が続くので解熱剤を服用し、厚着をして寝てたっぷり汗をかいた。ひとまず熱は下がったものの、しばらくすると寒気がして身体がだるくなり、また体温が一気に上昇した。できるだけ薬には頼りたくないのだけれど、あまりにもつらいからもう一度解熱剤を飲み、着替えて寝て汗をかいた。再び体温が下がる。でもまた悪寒がぶり返す。また解熱剤を飲む。そんなアップダウンを三日間繰り返した。

僕の場合、普段であれば風邪をひいて熱を出しても、一度平熱まで下がればそれで回復する。

うーん、これはただの風邪ではないかもしれない。心配になって病院に行ったら、「急性扁桃腺炎」と診断されて点滴通院となった。

高熱は体力を著しく消耗する。とても仕事ができる身体ではなかった。でもそのわりに頭はしっかりしていた。そうだ、こういうときはマンガでも読もう、と思った。体調が悪いときはマンガがいちばんだ。

しかしあいにく未読のマンガが自宅になく、さすがに買いに行く元気もない。そもそも本屋に行くことができたとしても、このご時世、体調のよろしくない人間が店で買い物をするなど御法度だ。入り口でピッと体温を計測し、「36・8」と緑色で表示されても、(でも昨日は、39・7だったんですよ。その前の日は39・9まで上がったんですよ。やばくないですかこれ)そう思うととても店には入れない。ネットで注文しても、さすがに今日の今日では届かない。

しかたがないので、以前古本屋で買ったまま枕元に放置していた本に手を伸ばすことにした。中公文庫から出ている石ノ森章太郎の『章説 トキワ荘の青春』。マンガではないけれど、マンガ家によるマンガ家同士の暮らしを綴った自伝的エッセイだ。

あっというまに読み終わった。仕事を休み、時間だけはたっぷりあったので、ついでに市川準監督の映画『トキワ荘の青春』もアマゾンのPrime Videoでレンタルして見た。本木雅弘のテラさん、よかった。

トキワ荘の物語には思い入れがある。

小学三年生のとき、藤子不二雄Ⓐの『まんが道』と出会った。夢中になって読んだ。読みまくった。そして「将来マンガ家になりたい」と本気で思った。

それからはマンガ用の原稿用紙やGペン、ホワイト、スクリーントーン、さらには雲形定規まで買い揃え、オリジナルのマンガをたくさん描いた。大人向けの「マンガの描き方」の通信講座に申し込んだりもした。いつか小学館や集英社の賞に応募し、デビューしようと心に決めた。

でも子どもの夢というのは熱しやすく冷めやすい。高学年になってサッカー部に入部し、毎日放課後のグラウンドでボールを蹴るようになると、マンガ家になる夢はいつのまにかどこかに消えていった。

六年生の春、水疱瘡にかかり、それからしばらく体調がすぐれない時期があった。それまでは風邪をひいても学校を休むことなどめったになく、皆勤の年もあったくらいなのに、そのときは何かの糸が切れてしまったみたいに、急に休みがちになってしまった。具合が悪ければ学校も部活もまとめて休んで家にいていい、ということを一度おぼえて、それが癖になってしまったような、そんな時期だった。心がちょっと弱っていたのかもしれない。

そんな僕を気の毒に思ったのか、熱を出して寝込んでいたある日、頼んだわけでもないのに、母が仕事帰りにマンガをどっさり買ってきてくれたことがあった。

『タッチ』と『あしたのジョー』。

それも分厚い愛蔵版で、五、六冊ずつくらい。どちらも世代がひとつかふたつ前の作品だったし、恋愛野球マンガもスポーツ根性マンガもそれほど惹かれるものではなかったけれど、せっかくこんなに買ってきてくれたのだからと、布団の中でとりあえず読んでみた。

愛蔵版は重かった。持っているだけで腕が疲れた。でも、めちゃくちゃ面白かった。あまりの面白さに一気に読み進んだ。日が暮れて部屋が暗くなっても気づかないほどだった。

翌日も学校を休んだのは、体調が回復しなかったからというより、このまま寝込んでいれば母が続きを買ってきてくれるに違いない、という姑息な打算が働いたからだ。

いよいよ『タッチ』全巻を読破したとき、熱は下がり、身体は軽快になり、気持ちもすっかり元気を取り戻していた。布団から出てキャッチボールをしたいほどだった。

マンガは活字の本を読むよりも目が疲れないし、スマホのディスプレイのような光の刺激も受けない。布団の中でじっと動かず夢中になっていれば、そのあいだは身体をゆっくり休めることができる。つまらなくなったら寝てしまえばいいし、面白ければ、つらさや苦しさを忘れられる。

体調が悪いとき、マンガはちょうどいい。病は気から、というのなら、僕にとってそれはちょっとした風邪薬である。

ところで、実家に全巻揃っていたはずの『まんが道』は、いつのまにかどこかに消えてしまっていた。次に体調を崩したときのために、小遣いに余裕のあるときセットで買い揃えておこうと思う。

これは医療費だ。健康保険がきけばいいのに。

新幹線にて

ちょっと遠くに出かける用事があって、新幹線の車内でこの原稿を書いている。新幹線が好きだ。速いからか、形がカッコいいからか、あるいはうんと遠くまで行けるからか、理由はよくわからない。おそらくいろんな要素が絡まり合っての、好き、だと思う。

やはり窓際がいい。今も窓際に座っている。リクライニングを軽く倒し、ぼんやりとシートにもたれているだけで、都会のビル群、住宅地、田園風景、集落、山や渓谷――景色の移ろいをたっぷりと楽しめる。

遠くに霞む山々の冠雪を望みつつ、紅葉を眺めながらペットボトルのお茶なぞを口に含み、あ、あの有名な会社の工場ってここにあったのね、なんて小さな発見をしながら、目の前の座席の網ポケットから何気なく『トランヴェール』を抜き取って沢木耕太郎や角田光代のエッセイに目を通す。通販の冊子もついでにちら見して、また窓に視線を戻し、物思いに耽る。贅沢な、いい時間だなあと思う。

ところが世の中（というか新幹線の中）には、それとは反対に、景色なぞ何の興味もない、そんなもんはいらん、という人びともいる。

彼ら彼女らは、窓側の席がどれだけ空いていても決まって通路側のシートに座る。そしてスマホをいじったり、仕事をしたり、ひたすら眠って、乗車時間のほぼすべてを窓の景色と無関係に過ごす。

もちろんそれはそれで構わない。毎日同じ新幹線で通勤している会社員はもう景色なんて見飽きただろう。そんなものより、ゲームや資格試験の勉強、ＳＮＳのチェック、今日中に仕上げないといけない企画書の作成や領収書の整理のほうが大事かもしれない。到着したら一刻も早くホームに出たい人もいるだろうし、トイレに立つときに他人の足をまたぐのが嫌な人もきっといる。むしろ彼ら彼女らのおかげで窓側のシートが空くわけだから、僕ら窓側愛好家にとってはライバルが減って好都合だ。

ただ残念に思うのは、混み合った新幹線で乗車のタイミングが合わず、互いの思惑に反して窓側派の僕らが通路側や中央の座席に座り、普段は通路側派の人びとが窓側に座ることになってしまった場合、彼ら彼女らの中に、日差しが眩しいわけでもないのに窓のブラインドをしゃーっと勢いよく下ろしてしまう人が、けっこうな割合でいることだ。

憤懣やるかたない。まったくもって理解しがたい。窓の外を眺めることこそが新幹線の醍醐味なのに、これではずっとトンネルの中を走行するのと同じじゃないか。え、ちょ、なんで下ろしちゃうんすか？ そう抗議したいけれど、さすがに言えない。言ったらもっと居心地が悪くなる。

通路側の席におとなしく座って遠近法の見本のような他人の後頭部の羅列を眺めながら、あるいは三人掛けシートの真ん中で肩を縮めながら、景色のない退屈にじっと耐えるしかない。

こういうとき、スマホ以外で頼りになるのは本だけだ。

そもそも新幹線と本の相性はすこぶるよい。新幹線ホームの売店には、たいてい雑誌や新聞のほかに文庫本の並ぶ一角があって、そこには例えば、西村京太郎の旅情サスペンス、宮部みゆきや東野圭吾といった人気作家のミステリー、ひまつぶしにちょうどよさそうな雑学書やビジネス書といったお決まりのラインナップが並んでいる。この一角の雰囲気は、僕が学生の頃からずっと変わらない。変わらないということは、それなりに需要があるということだろう。

ところで新幹線の車内で読んだ本は、「これは新幹線の中で読んだ本」として案外よくおぼえているものだ。絲山秋子、山崎ナオコーラ、津村記久子といった好きな作家の二〇〇〇年代前半のデビュー当時の文学賞受賞作は、だいたい東京駅の本屋で買い、新幹線の中で読んだ。大晦日、実家に帰省する乗車率一二〇%超えの新幹線のデッキに座り込んで浅田次郎を読み、泣いた。大きな仕事がようやく終わった朝イチの新幹線で缶ビール片手に澁澤龍彦を読み、やけに開放的な気分になった。夢中で読み進めるあまり終点に到着したことに気づかず清掃員と顔を合わせて恥ずかしい思いをしたのは、確か白石一文だった。

車窓と本。このふたつさえあれば、目的地がどこかなんて関係なく、ただ移動するだけで僕はその旅に満足できる。

そういえば学生のとき、新幹線で江國香織の小説を読んでいたら、隣の席の初老のご婦人から声をかけられたことがあった。

「平易なのに素敵な文章を書くわよね」

「あ、はい、そうですね」

「私もたまに読むの」

黒いタートルネックのニットに身を包み、いかにも世慣れた感じで頬笑むその女性は、とても上品で、洗練されていて、まるで江國香織の作品に出てくる登場人物のようだった。

急に自分が恥ずかしくなって、それからは文字を追っても内容がほとんど頭に入ってこなかったけれど、好きな本の話ができることのささやかな幸せ、みたいなものを感じられて嬉しかった。

さて、原稿書きはこのへんでおしまい。空はきれいに晴れているから、どうやら今日は本を開く必要はなさそうだ。

旅の重さ

新幹線と本は相性がいい、と前回書いたけれど、そもそもにおいて、旅と本はセットで考えたい。旅をする前も、しているあいだも、人は本を求め、本を手にとり、そしてなぜか本のことで頭を悩ませている。

——一、旅行前

旅をしようと決めるとき、まず最初に足を運ぶ場所といえば、旅行代理店でもみどりの窓口でもパスポートセンターでもない、本屋だ。

旅の目的や行き先に合わせて、そこでいくつかの本、ムック、雑誌を立ち読みし、自分好みのガイドブックを手に入れる。例えば旅先がイタリアであれば、当然それはイタリアのガイドブックになる。ここで奇をてらって「秩父・奥多摩」を買ってもしょうがない。「四国八十八ヵ所」「ペットとおでかけ」もしかり。誰も喜ばないし誰も笑わない。「イタリア」のカタカナ四文字と赤白緑の三色にだけ反応する視神経でもって、『地球の歩き方』『るるぶ』『まっぷる』などの各シリーズを手にとり、比較する。そして、その中でいちばん相性のよさそうなものを購入する。

買ったばかりのガイドブックを眺めるのは、なにより楽しい時間だ。具体的な目的地や日程が決まる前であれば、ここもいい、あれも見たい、と思う存分ページを行ったり来たりして、自分の行きたいところを探す。

日程が決まったら、今度はその順番に合わせて、観光スポットを具体的にチェックし、「絶対に行くべき場所」「時間に余裕があれば行きたい場所」「別に興味のない場所」というふうに、頭の中でランク分けする。付箋を貼ったり、マーカーで線を引く場合もある。美術館や博物館の休館日は注意が必要だ。

ただしこのとき、日程に含まれないほかのエリアのページはできるだけ見ないようにする。

（やっぱローマも入れときゃよかった……）

（本当はいちばん見たいのはポンペイ遺跡なんだよな……）

と旅行前から後悔するのは嫌だ。同じように、宿泊するホテルが決まったら、それ以外のホテルの情報は見ないようにする。

――二、出発前

旅行には長時間の移動がつきものだ。乗り換えの待ち時間や長距離のフライトといったひどく退屈な時間もあらかじめ想定される。

そこで読みかけの文庫本を一冊、手荷物にしのばせる。持ち歩く本は軽ければ軽いほどいい。最初は誰もがそう思う。

ところが出発前夜、スーツケースのパッキングをしているうちに、だんだん、文庫本一冊では足りないような気がしてくるから不思議だ。

(夜、寝るときに読む本も用意しておいたほうがいいな)

(時差ボケで眠れないこともある。もう一冊か二冊持っていこう)

(「上巻」を持っていくなら「下巻」も必要だろう)

(小説ばっかりだと飽きるかもしれない。ノンフィクションも)

(スーツケース、少し余裕があるな……)

どんどん本が増えていく。

——三、出発

駅や空港での待ち時間に、ふらりと本屋に立ち寄る。

駅の本屋が好きだ。空港の本屋はもっと好きだ。弁当を選ぶよりも本を選んでいるほうが楽しい。旅先が海外の場合、これからしばらく疎遠になる母国語への未練なのだろうか、やけに日本語の活字が恋しく感じられる。うっかり「ことわざ辞典」なんかを手にとってしまう。

駅や空港の本屋は、だいたいにおいて狭い。売場の面積がコンパクトであればあるほど新刊率は高くなり、「今売れている本」がよくわかる。すると、これから旅をする、新しいものに出会う、見知らぬ景色を見る、そういった気分の高揚と相まって、普段は素通りするような本でも、

（へえ、面白そう、ちょっと読んでみようかな）

という気になるから不思議だ。

お店によっては、旅行関係の本が充実していることもある。

（現地の歴史を知っておこう）

（イタリアといえばやっぱり須賀敦子だよね）

思いはじめたが最後、昨夜スーツケースにどっさり詰め込んだ本のことは完全に失念してしまう。一冊だけのつもりが、二冊、三冊、ただでさえ重いスーツケースをごろごろ転がしながら、それらをレジに運んでいる。

――四、旅先

旅先では、観光の合間にちょっとした時間が空くことがよくある。

お昼ご飯のあとで少し時間が余った、とか、予定よりも早めに回れたので午後はこれといって行くところがない、とか。少しペースを落としてゆっくりしたい、街をぶらぶら歩きたい、みたいな日もある。

そんなときは本屋だ。旅をしたら、その町の本屋に行く。

（あのブックカフェが素敵らしい）

（せっかく来たんだから、時間があったらあの有名な古書店に寄ってみたい。ロゴ入りのトートバッグを買いたい）

そんなふうに最初から目当てがあるときもあるし、偶然見つけた本屋にふらっと立ち寄ることもある。

町の本屋に行くと、観光地を巡るよりもその町のことが少しわかったような気になる。本屋は基本的にその土地の生活者のための場所だからだ。お客さんはほとんどが町の住人で、普段の格好で、普段のテンションで、そのお店を利用している。その町で暮らしているふりをして、ちょっとスパイにでもなったような気分で、その雰囲気に紛れ込むのは愉快だ。

で、せっかく来たのだから、と記念に一冊買う。

——五、帰路

出発前はきれいに整理整頓し、スペースに余裕を残しつつ、パーフェクトに荷造りできていたはずなのに、旅から帰る前日になると、なぜかスーツケースの中をそのときと同じように再現できない。

お土産を買った。服も買った。食べものも買った。旅先でいろいろと買い物をしてものが増えたから、当然といえば当然なのだけれど、それにしても入らない。おかしい。そして気づく。

本が多すぎる。

旅先で読むつもりで持ってきた本は、たいてい一冊か二冊は読んでも、それ以上は結局読まない。あちこち観光して歩き疲れ、食事を済ませてホテルに帰ったらシャワーを浴びてバタンキュー。わざわざ「下巻」まで用意した本は、「上巻」すら一度も開かない。そういうものだ。

なのに、駅で本を買い、空港で本を買い、そして旅先の本屋で本を買い、そこにさらに美術館のミュージアムショップで買った図録やら現地の新聞やら雑誌やらフリーペーパーやらが積み重なる。

本はかさばる。めっちゃやかさばる。服や下着、タオルならば、ぎゅぎゅっと無理に押し込むことができても、本はかたちを変えられない。

現地の本屋で買った本を手にとり、今さらなことを思う。

(これ、別にいらないんじゃないか……)

それでもせっかく買ったのだから、持って帰らないわけにはいかない。

やっぱり押し込むしかない。

（これ、スーツケースのチャック、大丈夫かな……）

心配になっても、押し込むしかない。するとどうなるか。

空港で重量超過料金を徴収される。

——六、帰宅後

旅から帰るということは、非日常から日常に戻るということだ。

旅をしているときのテンションと日常のテンションは違う。

旅から帰っていつもの布団で眠り、翌朝いつもの部屋で起きていつも通りの寝癖で鏡の前に立ち、いつもの食卓でいつもと同じ食事をしているうちに、あっというまに旅行気分は失われる。

旅のテンションで買われた本は、なぜか、日常のテンションでは読む気になれないことが多い。重いスーツケースを引きずった分だけ、重量超過料金を支払った分だけ、読まなきゃ、という気持ちになることはなるのだけれど、それが逆にプレッシャーになって、読めない。

そして本は、ゴンドラの置物と同じ「旅の思い出」となる。

旅と本はまことに相性がいい。

犬の耳と付箋

本を読んでいると、「あ、これいいなあ」とか「これ、おぼえておこう」という文章に出くわす。

それは誰かの名言だったり、美しいフレーズだったり、目から鱗の知識だったり、「コーヒーを毎日飲む人は飲まない人よりもがんになる確率が低い」みたいな健康に役立つ情報だったりいろいろあるけれど、どんなものであれ、心を動かされた文章はちゃんと心に留めておきたい、と思う。

ところが困ったことに、心というのは忘れやすいもので、「いいね、これはおぼえておこう」とそのとき思ったとしても、その「いいね」の感覚だけはおぼえていても、では何がよかったのか、いちばん肝心なその内容を、本を閉じた途端に忘れてしまったりする。

「あれ？ コーヒーだっけ、紅茶だっけ、緑茶だったかな……」みたいに。

もっと記憶力がよければ。

これまでの人生で何度そう思ったかしれない。目にしたものや読んだものを頭や心に定着させる能力が高ければ、人生、変わっていただろう。

春はあけぼのやうやう白く——学校の国語のテキストのように、強制的に何度も音読や書き取りをさせられれば、文章は記憶に残る。若いときに繰り返し聴いた歌の歌詞が、繰り返し見た映画の台詞が、いまだにすらすら出てくるのも同じだ。

でも、普段本屋で買って読む本というのは、そう何度も読み返すものではない。よほど気に入ったものでなければ一回読んでおしまいになることのほうが多い。一回では、とても頭に入らない。

だから本を読むとき、目印をつけるようにしている。そうすれば、「あの本に何か大事なことが書かれていた」と思い出したとき、記憶力に頼ることなく、その場所にすぐたどりつける。

「あ、コーヒー。やっぱコーヒーですよ」と。

ではどうやって目印をつけるか。ずっとやってきたのは、ページの端を小さく三角に折る方法だ（そのかたちから連想して「ドッグイヤー」と呼ばれているらしい）。指先でぴっとページを折るだけなので簡単だ。誰でもできる。道具もいらない。

ただ困ることがあって、そのページに例えば五カ所の「いいね」部分があった場合、ドッグイヤーだけでは表現しきれない。一ページにつき折ることができるのは上端と下端の二カ所だけ。そして折られたページの端からわかることは、「このページに大事なことがあったよ」という大雑把な情報だけだ。それ以上のもっと具体的な「ここがよかった」という部分を明確に示すには、鉛筆やマーカーで書き込みをするしかない。（でも僕はあまり本に書き込みをしたくない主義だ。）

そこでもっと厳密に正確に、大事な部分をピンポイントで、それも同一ページ内の複数カ所に対応できるような目印のつけ方はないか。

誰でもぱっと思いつくのが付箋だ。

付箋なら、その大事な部分がある「行」のあたりをピンポイントで選んで貼れる。付箋の色でさらに分類までできる。紙を折らないので、用がなくなったらはがしてしまえば、痕が残らないのもいい。

ところが付箋というのは一般的な小さめサイズのものであっても、たとえば文庫本に使おうとすると案外大きく、それならばとミニマムな極小サイズのものを買うと、指が太いせいもあって、今度は実に使いづらい。僕がいつもデスクの引き出しにストックしている付箋は、一般的な長さ五センチ×幅一・五センチの、A４の書類とかには使いやすいものなのだけれど、これを本に貼ると、だいたいにおいて文章にかぶってしまう。邪魔だ。はがさないと読めない。かといって文章の版面を避けて貼ると、今度は本から長いぴらぴらが出て見た目がひどく悪い。

だから僕はずっと付箋派ではなく、ドッグイヤー派だった。

先日、子どもが学校で使う文具を買い足すために近所のショッピングモールに行き、文房具売場を歩いていて、あ、と気づいた。そうか、これを使えばいいんだ！

透明付箋。

買ってきて使ってみたら、それは本に目印をつけるのに最適だった。透明だから貼っても文章を隠さない。どうして今まで気づかなかったんだろう。もうずっと前から普通に売られていたのに、その存在も知っていたのに、なぜ透明かも理解しているのに、これまで本の目印として使おうとしなかった自分が不思議なほどだ。やっぱり頭、ちょっと足りないんじゃないか。

透明付箋、いろいろな種類を買ってみて、今は一センチ幅の３Ｍのポストイットを愛用している。「コンパクト透明見出し」という商品名の三色入りのやつだ。パッケージに印刷された商品説明の通り、フィルム素材なのでやぶれにくく、しっかり貼れてきれいにはがせる。しかも一枚ずつ取り外せるカバーケースに入っているので使用前に汚すこともない。大きさも手頃だ。これはいい。

というわけで最近、付箋派に宗旨がえしました。

ただひとつ問題なのは、本と一緒にそれを持ち歩くのを忘れることだ。

そして結局、ドッグイヤーに逆戻り。

やっぱりもっと記憶力がよければ、人生、変わっていただろう。

本が本屋さんでしか買えなかった頃

ネットで本を買うことが増えた。ネットというか、アマゾンだ。レビューや星の数はさほど気にしない。それを確かめて買うこともあるけれど、アマゾンを利用するいちばんの理由はそこではない。

本を探せることとの便利さが、素晴らしいと思う。

アマゾンのデータベースはすごい。キーワードを入力すれば、その単語やジャンルに関連する本を、一瞬で検索結果としてリストにしてくれる。よほど古い本でなければ表紙の画像も表示されるし、説明文も読める。注文した場合、最短でいつ届くかも教えてくれるし、新品だけでなく古本も選んで買える。アマゾンの倉庫の在庫品ならば翌日に届けてくれる。

なんと便利な。便利すぎて申し訳ない気持ちにすらなる。過去の購入履歴から似たような商品を何度も繰り返し「おすすめ」されてちょっと鬱陶しいときもあるけれど、そんなのはたいした問題ではない。

本屋を歩いていて、（もっといい本ないかなー）と思ったとき、その場でスマホを取り出してアマゾンで本を検索することもある。

（あ、この本いいかも。このお店にあるかな……）

もしも売場を探して在庫があればそこで買うけれど、在庫がなければ、こっそり柱の陰などに隠れてアマゾンでポチッと注文することもある。

改めて書く。すごい便利さだ。

今の時代、ネットを使って買えないものなんてあるのだろうか。

今の若い世代の人たちは、物心ついたときには、もうインターネットが当たり前のように身近にあった。中には、スマホは持っているけれどパソコンも携帯電話も触れたことがないという人もいる。自分の知らないことは人に聞く前にまず検索窓に入力するのがマナーだし、日々のニュースはテレビや新聞ではなく、手元の画面で選んで知るのが普通だ。友達や知り合いだって画面の中にいる。欲しいものがあれば、ネットで注文すれば何でも買える。

でも、そうではない時代が、ついこのあいだまであった。

欲しい本がある。今すぐ読みたい、手に入れたい。

そんなとき、本は本屋でしか探せなかったし、買えなかった。目当ての本が見つかるまで町を歩いてお店を何軒もハシゴするしかなかった。

本屋に在庫がない場合、注文すればいいというのは知っている。

でも注文してからそれがお店に届いて、店員さんから「届きましたよ、いつでも店に来てください」という電話をもらうまで、かつては一週間とか二週間とか、けっこうな時間がかかっていた。実際に手にとるのは、さらにそのあとだ。

そんなに待てない。だって今すぐ読みたい。これを読まなきゃ先に進めない。悶々とする。そういうときがある。そういうときはやっぱり、探しに行くしかない。

本を探すときは、まず、ここならきっとあるだろう、という比較的大きなA書店に行く。売場を歩く。棚を探す。

ない。

次にそのA書店の近くの（でもこっちにはないと思うんだよなあ……）というB書房に行く。

やっぱり、ない。

今度は、少し離れたところにある大きめのC社に移動する。

歩けない距離ではないけれど、公共交通機関を使ったほうが早い。だからバスに乗る。バスに揺られながら、もうすでに、そこにはない予感がしている。（いや、でも意外とあるかも。前もA書店にない本がC社にあったし）と前向きに考え直す。

で、やっぱりない。

しかたないので次はD堂に向かう。

そこもまた歩くには少し遠い。でもここまでの交通費を計算して、これ以上バスに乗ったら本代より高くつくことに気づき、歩く。どんなに疲れても、本が見つかれば満足だ。

でも、やっぱりない。

半日歩き回って、ただウォーキングをしただけ。

あきらめるしかない。その疲労感たるや絶望感たるや。思考力は鈍り、もう生きることに倦んでいる。そんな自分を慰めるために、それほど欲しいわけでもない本を、(あ、これ欲しかったんだよな)と思い込んで買う。

よかったよかった。この本、買えてよかった。

違う本だけど。

ネットで本を注文するのが当たり前になっている若い子たちは、こう思うのではないか。

え、ばかなんですか。

否定できないのが悔しい。

ネットで検索してタップすれば一分もかからず完了する買い物を、半日かけてやって、それで交通費を支払い、体力を消耗し、欲しくもない本に出費する。とてもスマートとは言えない。合理的な生き方でもない。

ただそのかわり、何軒も本屋を歩いて、最後の最後でようやく探し求めていた本が見つかったときの喜びは格別だ。

（そう、これ！これが欲しかったんだよ！）

見つけた本を手にとり、思わず胸に抱える。

会計を済ませて本屋を出ると、もう日が暮れはじめている。この一冊を見つけるために、ずいぶんと時間がかかってしまった。

帰りのバスに乗り込むや、こらえきれずに本屋のロゴ入りの紙袋から本をがさごそと取り出し、開く。目次を確かめる。

（そう、これ、この本！）

たまらない気持ちで、一、二ページ読む。するとどうだ。

まず気分が悪くなる。

バスで本を読むと、乗りもの酔いをする体質なのだ。

でも、もうちょっと先まで読みたい。だから読む。吐き気が喉元までせり上がってくる。もうちょっと、いやこれ以上読んだら本当に吐く。もうだめだ、と本を閉じて遠くを見る。

薄闇の町をゆっくりと走るバスの車窓には、歩き疲れた自分の顔が映っている。（早く着かないかな……）そう思いながら時間をやり過ごし、気分の悪さが少し落ち着いてきたところで再び手元の本に視線を戻し、表紙を見つめる。愛でるように見つめる。ときどき意味もなくひっくり返して裏表紙を眺めたり、値段を確認したりする。帯のキャッチコピーを読む。で、また吐き気をもよおす。

いよいよバスが家の近所のバス停に着く。

外はすっかり暗くなっている。

バスを降り、家路を急ぐ。胸のあたりにまだ乗りもの酔いのむかつきが残っているので、あまり早くは歩けない。でも急ぐ。信号待ちで、紙袋が風にあおられがさがさ音を立てる。がさがさ。がさがさ。見るとセロテープがはがれている。一度はがしたテープはまたつけ直しても、もう粘着力がない。本が落ちないように紙袋をしっかりと抱える。信号が青になる。

あの時間。

ネットで買えないものは、たぶんあれだ。

古本屋とコロナ禍

ずっと古本が苦手だった。

本は好きでも、好きな作家の初版本や希少本を収集するようなマニアックな趣味はない。どうしても手に入らない本であれば古本を探すよりしかたなく、よほどビビッときたものとか、よそのお店にないもの、あるいは仕事に必要な資料であれば古本でも買うけれど、そういう条件がつかない限り、本はできれば新品で買いたいと思って生きてきた。東京で暮らしていたときも、神田の古書街にはほとんど足を向けなかった。

古本には「状態」というものがある。でもそれはたいした問題ではない。カバーがすり切れているとか、ページの端が焼けているとか、書き込みがあるとか、そりゃ汚いよりはきれいなほうがいいけれど、そもそも自分の部屋にある本からして、カバーがなかったり、日に焼けていたり、ページの端が折られていたり、それどころかバナナの筋が挟まっていたりするのであって、例えばラーメン屋のカウンターに並んでいる『週刊少年ジャンプ』の半年前のバックナンバーくらい、とてつもなく状態が悪いということでもなければ、「誰が読んだかわからない本なんて汚いからいやだ」とは思わない。なにも潔癖症というわけではない。

古本以前に、古本屋が苦手だったのだ。

棚という棚に大量の古本を押し込んだ古本屋は、空気が独特だ。

あの匂い。

紙のせいなのか、インクのせいなのか、あるいはそれらが人間の皮膚や汗と混じり合うことで生じる化学反応のせいなのか、古本屋はどこに行っても似通った特徴的な匂いがする。埃っぽい、かびくさい、雨っぽい、それでいて少し甘ったるい、あの匂いがどうも好きになれないのだ。

だから古本屋は好きじゃない。はずだった。

ところが最近、よく足を運ぶ。外に出かけて少し空き時間があると、ふらっと古本屋に立ち寄り、棚を見上げながら店内を歩き回る。

古本屋は雑多さが面白い。普通の本屋での買い物を、伊勢丹とかパルコとか、あるいはイオンモールでの買い物に例えるとするなら、古本屋は、アメ横とか中野ブロードウェイをひまつぶしに歩く感覚に近い。屋台が並ぶお祭りの参道や、学祭の感じにも近い。

冬、仕事の取材のために訪れたとある町で、約束の時間までだいぶ余裕があったので同行の友人と一緒におもて通りをぶらぶらしていたら、通りかかったビルの半地下によさげな古本屋を見つけた。

映画や演劇、デザインの本をけっこうたくさん取り扱っていて、掘り出し物に出会える予感がした。しばらく店内を物色し、仕事が終わってからまたもう一度立ち寄って、面白そうなシナリオ本と、懐かしい九〇年代の映画のパンフレットを買い込んだ。

またこの町に来たら、もう一度ここに来よう。そのお店を発見しただけで、その町と親しくなれた気がした。こういう出会いは楽しい。

出会いといえば、「再会」も古本屋ならではだ。

先日、近所の古本屋の棚で自分の名前を見つけた。二年前に出した本だ。古本屋で自分の著作が売り買いされることについて、あまり快く思わない作家さんもいるらしい。でも、僕はちょっと嬉しかった。こういう二次的な流通であっても、自分が書いたものが世の中にちゃんと存在しているということを確かめられて、安心した。その棚が110円とか220円の激安コーナーではなかったことも、僕の複雑な自尊心を満足させた。

「そうか、君は今ここにもいるんだね」

「はい、こないだ来たばっかりです」

「元気にしてる?」

「いやー、お隣が藤沢周平先生なので、めっちゃ緊張します」

「ま、頑張ってよ」

かつての職場の同僚にばったり会うような、そんな再会の喜びだった。

それにしても、この一年、いや一年半くらいで、古本屋への抵抗がすっかりなくなったのはどうしてだろう。しばし考えてみる。

前よりも本を必要としているのだろうか。いや、そんなことはない。前よりも本が好きになったのだろうか。そういうわけでもない。

ではなぜ。

古本屋独特のあの匂いが、あんまり気にならなくなったんだよなあ、と思って、はたと気づいた。

あ、なんだ、マスクだ。

コロナ禍、「自粛要請」という不思議な強制力によって、どこへ行くにもマスクの着用は国民の義務となり、それは古本屋でも例外ではない。マスクをすると口だけでなく鼻も覆う。あの匂いが、マスクのせいで本来のそれよりも薄らいでいるのだ。

早くマスクのいらない世界に戻ってくれ、と思っていたのに、マスクに
こんな意外な効能があったとは。
せっかくだからコロナについて書かれた本を、古本で買おう。

ゲラチェックはスタバで

お客さんの少ない早朝の静かなスターバックスコーヒーで、マチ付きの封筒からおもむろに分厚い原稿の束を取り出す。

どさ。とんとん。

テーブルで端をきれいに整え、ほうじ茶をひとくち啜ってから、右手に赤のゲルインキボールペンを握る。紙をめくる。

ゲラ。

本を印刷製本する前に印刷所から出てくる原稿校正用の出力紙、いわゆる「ゲラ刷り」のことだ。レイアウトの四隅にトンボと呼ばれる（この位置で裁断しますよ、という）線が引かれ、本になるときの実際の書体、組版で印刷された全ページ。これを、今からひととおりチェックする。

僕は原稿を書くときはいつもＭａｃを使い、途中でプリントアウトしたいときは、都度、仕事場の市販のプリンタで安価なコピー用紙に出力している。

同じ出力紙でも、ゲラはそれとクオリティがまったく違う。

まず紙がいい。そして一文字一文字がくっきり鮮やかだ。明朝体の文字の細い線が潰れたり掠れたりしない。インクの滲みもない。とにかくきれいだ。そしてきれいであるがゆえに、「これがこのまま本になりますからね、気を抜かずに確認してくださいよ」としっかり念を押されている感じがする。

ゲラが好きな作家さんは多いと思う。

自分の書いた作品が活字になって美しく印刷されているのを眺めるのは気持ちがいい。すっと背筋が伸びる。

僕の場合、最初のページをめくったら、もうその時点でスタバに長居することが確定だ。流れる音楽に合わせて無意識のうちに貧乏揺すりをしながら、作者であると同時に、できるだけ最初の読者になったつもりで原稿と向き合う。

気になるところ、あとで確認が必要なところにさっと赤ペンを走らせ、ケアレスミスには顔をしかめる。

（ん、ここは「調整」となっているけれど、「調節」が正しい）

そう気づいたら「整」の文字を丸く囲み、その横に「節」と楷書で書く。ここに修正箇所がありますからね、とはっきりわかるように、紙の上端にどぎつい蛍光イエローの付箋を貼る。

ここでミスをすると、ミスがそのまま印刷される可能性が高い。だからゲラ校正は気が抜けない。寝不足が続くときとか、夫婦喧嘩をしたときとか、ハナ差で万馬券を取り逃がしたときとか、そういう極度に精神不安な状態では絶対にやりたくない。できれば心穏やかなとき、頭の中がすっきりしている朝早くにとりかかりたい。スマホをサイレントモードにして、どんな用件のメールも電話もすべて遮断して。

仕事場でやるよりもスタバのほうがいいのは、そこが自分ひとりの「内側の世界」と自分以外のたくさんの人が生活する「外側の世界」の、ちょうど中間にある感じがして、「頭の中で作られたもの」と「不特定多数の誰かに読まれるもの」のバランスを整える作業にふさわしい場所のような気がするからだ。

このゲラチェックが終わると、あとは野となれ山となれ。

本になってしまえばもう直したくても直せない。あきらめるしかない。

これはウェブ媒体の原稿と紙媒体の原稿の大きな違いだ。ネット世代の若いライター志望の子に、できるだけ活字の本を読んだほうがいいと思うよ、という話をよくするのは、この不可逆性こそが原稿のクオリティを支えていると感じるからだ。間違いに気づいたらいつでも直せるウェブと、もう直すことのできない本とでは、「書くこと」と「読み直すこと」の真剣さのベースに段差がある。

本を書くという行為は、ゲラのチェックで事実上、終わる。だから、ゲラは何度も読み返すけれど、本が刷り上がったら一回読んでおしまい、という作者はけっこう多いんじゃないかと思う。本になってから一度も読まないという人も中にはいるはずだ。読むと直したくなるから読みたくない、うっかり読んだらミスが見つかりそうで読みたくない、その気持ちはよくわかる。

ちなみにゲラという言葉は、「galley」という単語からきているらしい。印刷所の活字を組んだ版の箱が、ガレー船という人力船に水夫がずらりと並んでいる様子と似ていることに由来して、その仮組みで刷ったものを「ゲラ刷り」と表現するようになったのだそうだ。

ネットでさっと検索して得た知識だから本当かどうかはわからない。僕みたいに朝早くからとりかかる人が多くて、「get up !」からきているのかな、なんて考えていたらまったく違っていた。

さて、二五〇ページのゲラを読み終えるのに三時間半ほどかかった。

税込374円のほうじ茶でそれだけの時間、貧乏揺すりをしながら店に居座るのは、正直、うしろめたい。

原稿を封筒にしまい、荷物をこそこそまとめ、マグカップを返却台に戻し、気配を殺してそーっと店を出ようとしたら、

「いつもありがとうございまーす」

店員さんの声がした。

振り向くと、とても気持ちのよい笑顔だった。ぎこちない会釈を返して、

ああ、本、この人に読んでほしいな、と思いながら店を出た。

サッカーを書く

つい先日、嬉しい知らせを受けた。

地元のサッカークラブのサポーターを題材に小説を書き、昨夏、短篇集として出版した、その本が、「サッカー本大賞２０２２」という、サッカーの関連本を対象にした文学賞の優秀作品に選出されたのだ。

出版社の担当者さんからそのメールを受け取ってから、日を追うごとに、ふつふつとお湯が沸騰していくみたいに、胸の中にささやかな喜びが沸き立っていく。心の温度が上がっていく。

落ち着け落ち着け、と自分に言い聞かせるものの、やっぱり嬉しいものは嬉しい。自分の書いた原稿がきちんとかたちになるだけでも嬉しいのに、こんなふうに認めてもらえるなんて、書き手として望外の喜びだ。

書く、というのは人が思う以上に孤独な作業だ。

それが小説となればなおさらだ。書き手は、自分と向き合い、自分の内側にあるものを絞り出すことでしか、作品と呼ばれるものを生み出すことはできない。誰かと理解し合い、励まし合うなどということはまずない。むしろ人と話せば話すほど、理解してもらおうと思えば思うほど、誤解されたり、書きづらくなることのほうが多い。頑張れば頑張っただけ評価されるようなものでもなく、時間をかけて努力をすればきちんとお金になるというものでもない。書きたいから書く、あるいは、書かなければならないから書く、それだけだ。そして人が書くものに「正解」はない。

書いていると、よく思う。

この原稿は本当にこれでいいのだろうか。これではいけないんじゃないか。その不安を完全に拭えたことなんてこれまで一度もない。いつだって自信がない。

だから、こんなふうに自分の書いたものを認めてもらえるというのは、本当に嬉しいのだ。主催者、選者、関係者の皆さんに毎年お中元とお歳暮を送りつけたい気分だけれど、あの人うざいね、と思われてはいけないのでそれはやめる。

十代の頃からサッカーが好きで、小学校の卒業文集に書いた将来の夢は「Jリーグ関係者」だった。大人になってから、頼まれもしないのに小説を書き、せっかくだからとサッカーを題材にしたものを書き続けているうちに、地元のJ2チームのサポーターズマガジンから声をかけてもらって、おそるおそる連載をはじめた。

「サッカーなのに小説？　なんだこれ？」

怪訝に思われるのはわかっていた。でもそこでひるんで、書くことをやめないでよかった。

そもそもスポーツは本来、身体を動かして楽しむものか、あるいは目で見て楽しむものだ。食べものがそうであるのと同じように、常にフィジカルな感覚とともにある。試合の内容や選手のプレーは、性質上、読んで楽しむようなものではない。サッカーのゴールシーンがどんなに感動的であっても、それは言葉では表現しきれない。それどころか、冷静に文字で書き起こした途端、ありきたりで陳腐なものになってしまうことが多い。

例えば、「ジョホールバルの歓喜」と呼ばれている、サッカー日本代表がW杯初出場を決めた、九七年秋のW杯アジア最終予選のあの試合、あの岡野雅行の延長後半のゴールデンゴール。あの瞬間、どれだけたくさんの日本人がテレビの前で心を動かしたかしれない。

でもそれを——中盤の相手陣内で呂比須ワグナーが相手から奪ったボールを、中田英寿がペナルティエリア付近までドリブルで持ち運び、左足でシュート。ゴールキーパーが弾いたボールを、ゴール前に詰めていた岡野雅行がスライディングをしながら右足で蹴り込み、日本が決勝点を挙げた——と書いたとして、その文字情報に感動のようなものは皆無だ。

あのゴールは、見なければだめだ。実際にスタジアムの観客席やテレビの中継映像の前でリアルタイムで見なければ、拳を振り上げなければ、歓喜の輪をつくる選手たちやベンチから駆け出した岡田監督に心の中で抱きつかなければ、サッカーの感動は存在しない。

ピッチ上の出来事は、正確に描写すればするほど、どんどんつまらなくなっていく。例えば——ゴールキーパーのエデルソンからルベン・ディアス、ジョン・ストーンズと自陣でつないだボールを左サイドのカンセロが大きくサイドチェンジ。自陣右サイドのタッチライン際でトラップしたウォーカーがひとり交わしてセンターサークルにいるロドリにパス。デ・ブライネ、ベルナルド・シウバとの短いパス交換から、ワンツーで抜け出したデ・ブライネが左サイドの大外に張り出していたスターリングに素早くパスを送ると、一対一で相手ディフェンダーを交わしたスターリングがペナルティエリアまで素早くドリブルで切れこみ、中央のフォーデンへ。フォーデンが意表を突いてスルーし逆サイドに流れたボールを、今度はマフレズがワントラップで相手ディフェンダーを交わし、ゴールラインぎりぎりでマイナスのセンタリング。ディフェンスに当たってこぼれたところに走り込んだデ・ブライネが強烈なシュートをゴール右隅に突き刺した――というような文章が延々と続いたとして、それが面白いだろうか。読むこと自体が面倒くさくて、サッカーが好きな人でも途中から読み飛ばすだろう。サッカーを知らない人であればなおさらだ。もう二度とサッカーを読もうなんて思わない。サッカーを文字で表現することは案外、諸刃の剣である。

言葉は雄弁だけれど、言葉で描く世界には限界がある。それがスポーツの世界を書く難しさだ。野球や相撲、陸上競技のように、読み手が常に同一の視覚的なシーンを共有できるのであればまだ書きやすいかもしれない。でもサッカーのようにプレーやポジションが流動的なスポーツ、偶然性に支配されるゲームの内容は、目で見たように伝えることが難しい。文字を連ねるよりも動画や図解のほうが確実に伝わる。

でもそのかわり、言葉でしか表現できないこともある。

その試合、そのプレー、そのゴールに至るまでの背景や因果、偶然と必然、たくさんの方法論やエピソード、人間関係、ドラマ、情熱、感情。それらはみんな、目に見えないものだ。選手の、観客の、心の内側にあるものだ。

きっとそれを書くことが、サッカーを書く、ということなのだと思う。

そしてそれがまた、サッカーに限らず、書く、ということの本質なのではないか。

言葉でしか表現できないサッカーの世界がある。目で見ることのできないサッカーの世界がある。今回、それを評価してもらえたことがとても嬉しい。本当に、ありがとうございます。

子どもを放置する場所

これといって行きたい場所もたいした目的もないけれど、ちょっと外に出たい、ということはよくある。天気がいいし、とか、ひまだし、とか。家でじっとしていると身体がなまって気持ちが悪い、とか。

そういうときにたどり着く場所は、僕の場合、十中八九、本屋だ。

休日、子どもが退屈を持て余しているときに「じゃあどっか行こうか」と連れて行くのもまた、本屋であることが多い。最近は週末にふたりの子どもと一緒に出かけることが増えた。

ただ、子連れで本屋に行くと、年齢にもよるのだけれど、子どもが小さいうちは親が自分のペースで思うように売場を歩けないのが難点だ。

幼稚園児の娘と売場を歩くと、

「あっ、アンパンマン！」

「ドラえもんがいたよ！」

いちいちシャツの袖や裾を引っ張られ、ちょっとでも立ち読みをしようものなら、「まだー？」「疲れたー」とクレームをつけられる。

「すみっコぐらし！かわいい！これほしい！」

「だめ、今日はこれ買わないから」

「こっちもかわいい！」

「だから買わないから」

「あれもいいしこっちもいいしでもこれもかわいいなー」

「はいはい、かわいいね」

「迷っちゃう。全部ほしい！」

「だめだっつの」

「見てこれ、めっちゃおいしそう！」

「いいから先行こうよ」

「ねえパパ見てこれ、かわいいー」

「だーかーらー」

自分の読む本を吟味する余裕などない。ジャケ買いみたいな感覚で、あもういいやこれで、と自分が買う本をとりあえず先に決め、それを持って彼女を児童書コーナーに連れて行く。

「いいよ、好きなところ見て。後ろからついてくから。欲しい本があったら買ってあげるけど、でもおもちゃは買わないよ。キャラクターも今日は買わないからね。ガチャもしないよ」

釘を刺してから、絵本や図鑑、子ども雑誌を一緒にあれこれ物色する。

「この絵本、持ってる！」

「うん、持ってるね。持ってるのはいいからさ、持ってないの見なよ」

「見て見て、すみっコぐらしのぬいぐるみ！」

「だから、今日はそういうの買わないって」

「あ、パパ」

「ちょっともう、急にシャツ引っ張らないでって言ってんじゃん」

「……」

と突然、娘はうつむいてもぞもぞと腰をくねらせる。

「え？ おしっこ？」

こくりと小さく頷く。

「よし、急ごう」

早足でトイレまで娘の手を引く。僕が彼女と一緒に女子トイレに入ることは社会通念上許されないので、ふたりで入るなら男子トイレか多目的トイレだ。

「こっちに入ろう」

ところがトイレのドアに貼り紙がある。

《精算前の商品の持ち込みはご遠慮ください》

そして僕の手には精算前の本がある。

「……おしっこ、ひとりでできる？」

「やだ。パパも来て」

「もう年長さんだしできるでしょ」

「でーきーなーいー」

「できる」

「でーきーなーいー」

こうなっては、精算前の商品を急いで売場に戻しに行くしかない。

「じゃあこの本置いてくるから、ちょっと一瞬、我慢。我慢して。できるよね？」

「でーきーなーいー」

「できるっ！」

休日の本屋というのは、しばらくそういう場所だった。

で、最近。娘は小学一年生になり、ふたつ上の息子は三年生だ。

娘はもうひとりでトイレに行けるので、右のようなことはなくなり、だいぶ楽だ。

息子はというと、店に入るなり、

「じゃ」

と言い残し、ひとりでずんずん売場を進んでいく。勝手知ったる、という感じで、大人たちの間をするするとすり抜け、棚の奥へと消えていく。

子どものとき、僕は本屋で自由にさせてもらえるのが好きだった。

親の買い物というのは、子どもにとってそのほとんどが退屈な時間だ。デパート、スーパー、ショッピングセンター、商店街、どこであろうと大人の用事は基本的につまらない。特に男の子にとって、母親の買い物の用事に付き合わされることほど無益な時間はない。おもちゃやプラモやお菓子を買ってもらえるならまだいいけれど、毎回必ず買ってもらえるとは限らない。親が買い物をするときはいつも、「あー、早く終わらないかなあ」

と思っていた。

でも本屋だけは違った。本屋は唯一、自分の好きなところを勝手に見て歩いて楽しめるお店だった。親のそばにくっついていなくてもよかった。本の前では、大人も子どもも関係ない。その自由と平等が心地よかった。

息子の背中を見つめながら、僕はふとそんなことを思い出した。


息子は歴史が好きなので、どこにいるかと売場を探しに行くと、たいていは「日本史」の棚の前で立ち読みをしている。いないときは雑誌棚のところで、常日頃愛読している『歴史人』や戦国、幕末のムック本をめくっている。コミックスの売場にいるときもあるし、子どもらしく児童書コーナーにいることもある。本屋の中を好き勝手に動き回っている。

「何かいい本あった?」

背後から声をかけると、

「あった」

短く答えて忍者のような足どりで素早くその場を離れ、すぐに気に入った本を一冊持ってくる。

『写真・図解 日本の仏像』

「え、それ?」

表紙の写真の文殊菩薩が、実に渋い。

「本当にこれでいいの?」

「うん」

「読むの?」

「うん」

子どもにとって、本は与えられるものだ。

幼いとき、本との出会いは、まず大人が選んだものを読み聞かせられることからはじまる。多くの場合、それは「親が子どもに読ませたい本」ということになる。

でも、子どもがある程度の年齢に達し、自分自身の内なる好奇心が芽を出してからは、本はもう、大人から「これを読みなさい」と与えられるものではないと思う。

子どもがページをめくる楽しさを一度おぼえたら、

「これを読んだらやさしい子に育ちますよ」

「これを読んだら感情が豊かになりますよ」

「これを読んだら頭がよくなりますよ」

そんな本はいらない。まして、

「これを読んだらお洒落で賢い子に見えますよ」

親のくだらない見栄やエゴのための本が優先されて、子どもが自分の好きな本を自由に読めないなんて、最悪だ。

本は自分で選ぶものだ。自分の好きなことをもっと楽しむために、もっと知るために。それができるところに、本屋の自由がある。

息子の成長の何が嬉しいって、本を好きになってくれたことが嬉しい。

娘はまだ、「勝手に売場を見てていいよ」と突き放しても、僕がそばを離れると磁石のようにくっついてくる。でも、そんなふうに「パパと一緒がいい」の時期もあと一年か、二年か。そのうち彼女も本屋に入ったら、兄と同じように好きな売場にずんずん歩いて行くようになるのだろうか。

そのときが来たら来たでさびしい気持ちになりそうだ、とまとめたくなるけれど、これがちっともそんな気持ちになりそうにない。親のことなんか気にせずに、好き勝手にうろうろしてほしい。

本屋はそういうところだ。広い公園のように、子どもを放置したい。

本は本である前に

もうずいぶんと飛行機に乗っていない。

子育て＋コロナ禍に仕事の忙しさも相まって、男ひとりの自由気ままな移動ができなくなって久しい。我が家の家族旅行も、夏休みの山ごもりを除けば、「近場に車で日帰り」がすっかり定番になってしまった。

かつて時間とお金さえあれば気軽にできたはずの海外旅行など、いつのまにか老後の夢と化している。

（若いうちに欧州サッカースタジアムめぐりしたかったのになあ……）

（あー、ゆっくりと南の島で羽を伸ばしたいなあ……）

なんて見果てぬ夢を見ながら、このあいだの日曜日、しばらく滞っていた本棚の整理を再開した。未整理のダンボールから『魅惑のタヒチ』なんて本が出てきてうらめしい。(タヒチは本当は新婚旅行で行くはずだったのに、その出発前日に現地の空港でストライキが起きて飛行機が飛ばず、泣く泣く断念したのだ。)

さて、整理をしていたら、あいうえお順にずらりと並べた文芸書のいちばん端のほう、吉本ばななのところに、日本語タイトルの背表紙に混じって一冊だけハングルのタイトルがあることに気づいた。白い装丁の、日本の四六判と同じサイズの上製本。代表作『キッチン』の韓国語訳である。

二十代の半ば、母と僕と六つ年下のいとこの三人で、中国を旅行したことがあった。中国といっても北京や上海ではなく、内陸部のウルムチ、トルファン。海外の登山旅行を主に扱うツアー会社が企画した初心者向けのトレッキングツアーで、シルクロードに行ってみたい、という母の希望で実現した旅だった。

地元の空港を出発し、韓国の仁川国際空港で飛行機を乗り継いだ。そのトランジットの待ち時間に空港の本屋で見つけたのが、この韓国語版の『キッチン』だった。

大学時代、吉本ばななをたくさん読んだ。

実は僕の通っていた大学は吉本ばななの出身校でもあるのだけれど、僕の在学当時、残念ながらまわりの友人たちの中に吉本ばななを読む人は少なかった。それどころか「よくこんなの読むな」と言われた。「こういうのは女子が読むものだろ」という感じで。

でも卒業が近づいたある日、ときどき部屋に遊びに来ていた友人のひとりが、ふと思い出したように「そういえば読んでみたけど、『キッチン』よかったよ」と言ってくれた。

「だよね、いいよね」

「うん、よかった」

彼のそのひとことで、僕は『キッチン』が好きになった。

仁川の空港で見つけたその本を僕は買った。

当然、ハングルなので読めない。

これを機にいつか韓国語を学ぼう、そう思えればいいのだけれど、あいにくそんなに勉強熱心な性格ではない。原文と訳文を比較してどうこうだなんて面倒なことも思わない。

普段、最初から読む予定のない本をわざわざ買うことはない。「買ったけれど結局読まなかった本」ならば腐るほど持っているけれど、「読まないとあらかじめ決めている本」を買うのは、それがはじめてだった。

本を手にとって、思い出す。

広くて清潔な空港。次の便までの退屈な待ち時間。三人で荷物の見張り役を交代しながら、ショップのエリアを隅から隅まで見て回った。夜のフライトで見下ろした北京の夜景がきれいだった。トレッキングのツアーなのにいとこがサンダルを履いてきて、母に怒られていた。パオに泊まったら凍え死にそうなほど寒かった。湖畔で馬に乗った。ツアーの食事はどの店に入っても同じようなメニューばかり出てきた。フィルムカメラで写真をいっぱい撮った。お土産に干しぶどうをたくさん買い込んだ。ちっとも弾けないくせに民族楽器を買った。楽しかった。

そして旅をしているあいだスーツケースの中ではずっと、おそらく永遠に読まれないハングルの『キッチン』が、衣類に押しつぶされて、静かに眠っていた。

電子書籍というメディアが登場してだいぶ経つ。

でもいまだに自分のスマホには、電子書籍のファイルが保存されていない。もっぱら本屋もしくはネット通販で、子どもの頃と同じように紙の本を買い続けている。別に電子書籍がよろしくないと言いたいのではない。まだなんとなく自分の身体に、生活に、それが馴染まないだけだ。

ただ、もしかしたらそれは、手触りがどうとか、読むときに紙をめくるリズムがどうとか、ディスプレイの光の眩しさがどうとか、そういう言い訳めいた理由があってのことではなく、もっと無意識のレベルでの、一生のうちにひとつの人生しか体験することのできない人間としての、自分なりの本能的な選択なのかもしれない。

あのとき僕は、本のかたちをした、「もの」を買った。

「JAPANESE」と記された棚の、ハングルや英語のタイトルしか並んでいない背表紙の中から適当に引き抜いた一冊が『キッチン』だったという、その、偶然の喜びを胸にとどめる行為を買ったのだ。

本は本である前に、目の前に存在する「もの」だ。

人と同じで、存在する「もの」だからこそ愛せる。

思い出とともに、大切にできる。

あとがき

本を読むのは好きですが、どの本がいいとか悪いとか、そういう議論をするのはあまり好きではありません。

自分の気に入っているものを他人から悪く言われたらいやだから、と、これまではなんとなくそんなナイーブなことを思っていたのですが、あるとき、ふと気づきました。

いや、そうじゃない。本の中身をおぼえていないからだ。

(あの本が好き。すごく面白かった。でもどんな話だったっけ……)

本を読んでも、なぜかすぐに忘れます。

これは何かしら、脳の機能に問題があるのかなと危惧しつつ、でも生活に支障はないので放っておいているのですが、どうなのでしょう。読んだ本の内容って、皆さん、ちゃんとおぼえているものでしょうか。

（あの本よかったなあ）

その感覚や印象だけはおぼえているのです。いつどこで読んだとか、どんな気分で読んだとか。でも本の内容を説明しろと言われても、できない。小説のあらすじを聞かれても、本当に大雑把にしか言えない。

活字の本を好んで読むようになってから二十五年くらい経っているのに、僕の頭の中には二十五年分の本の蓄積の実感がまるでないのです。

でも、昨年、「本棚、マイワールド」「続 本棚、マイワールド」の回で書いたように、仕事場に新しく本棚を作ったとき、そこにずらっと並べた本を眺めながら、こう思いました。

四半世紀かけて集めた本をもう一度読み直せば、この先、きっと退屈することはない。本を読むことのできる健康な身体さえあれば、どうせ読んでもまたすぐに忘れるのだから、一生、本を楽しめる。むしろおぼえていなくてよかった。

この連載は、毎月一回の締切前に、スタバやタリーズなどのカフェでお茶を啜りながら書いています。

テーマはざっくりと、「本について」。

きっとそのうちネタが尽きるだろう。そう思い続けていますが、案外、書くことはなくなりません。

（本、本のことねえ……まだ何かあるかな……）

と、キーボードをかたかた叩いているうちに、

（あ、本といえば……）と思いつく。

道ばたに落ちている小石をふと拾い上げるような感覚ですが、もしかしたらその感覚こそが、二十五年分の蓄積、というやつなのかもしれません。

（といっても、本当に小さな石ころしか落ちていませんが。）

地味なウェブ連載なのをいいことに、どうでもいいふざけたことを書い

てみたり、本屋さんにちょっと文句をつけてみたり、好きな作家さんのタッチを真似てみたり、いろいろ自由に、実験的に、好き放題に書かせてもらいました。この連載の機会を与えてくれた「issuance」の星野純洋さんに、この場を借りて感謝申し上げます。

「本が売れない時代」といわれはじめてからだいぶ経ちます。情報伝達手段としての本の役割は、スマホやタブレットなどの電子機器に取って代わられつつあります。それはそれでしかたのないことだと思います。スマホのない時代のほうがよかった、なんてことは思いません。便利なものは、便利に楽しく使いたい。

でも、本には本の、絶対的なよさ、楽しさ、面白さがあります。連載当初、豊かさとは何だろう、それは自分にとって、好きな本を自由に買える状態を維持することだ、というようなことを書きました。好きな本を自由に買えないと貧しい気持ちになる。そう思いました。

でもあれから少し経って、危惧すべきは、欲しい本を買えない貧しさではなく、買う本のない貧しさのほうかもしれないと思ったりもします。本がない時代、町から本屋さんが消える時代が、どうか自分が生きているうちに来ませんように。できれば、自分の子どもたちのその子どもたちも、そのまた子どもたちも、好きな本を本屋さんで買って読める未来でありますように。

心配なので、ちょっと本屋に行ってきます。

令和四年三月十四日

藤田雅史

初出　『BOOKSELLERS CLOTHING issue』Web

なお、本作は二〇二二年（令和四年）発刊の初版本に「文庫になりたい」「図書券の思い出」「本はさりげなく買いたい」「その生理現象のために」「本の顔」の五篇を加え再構成したものです。

藤田雅史

ふじた・まさし

1980年新潟県生まれ。日本大学藝術学部映画学科卒。作家。著書に『ラストメッセージ』『グレーの空と虹の塔 小説 新潟美少女図鑑』『サムシングオレンジ』シリーズなど。2021年発表の『サムシングオレンジ THE ORANGE TOWN STORIES』が「サッカー本大賞2022」優秀作品に選出され読者賞を受賞。本作が初のエッセイ集。

ウェブサイト
http://025stories.com

表紙カバーイラスト　稲吉匡人
校正協力　青田美香

ちょっと本屋に行ってくる。NEW EDITION

2023 年 11 月 25 日 初版第 1 刷発行
2024 年 3 月 5 日 初版第 2 刷発行

著者 藤田雅史
発行者 星野純洋
発行所 issuance
〒 950-0985 新潟県新潟市中央区和合町 2-4-9
電話 025-284-8499 FAX 025-250-5249
発売 日販アイ・ピー・エス株式会社
〒 113-0034 東京都文京区湯島 1-3-4
電話 03-5802-1859 FAX 03-5802-1891
印刷製本 シナノ書籍印刷株式会社

ISBN 978-4-9912442-1-6